冷眼

一位总裁 30 年的行与知

朱巨露 著

企业管理出版社
ENTERPRISE MANAGEMENT PUBLISHING HOUSE

图书在版编目（CIP）数据

冷眼：一位总裁30年的行与知 / 朱巨露著 . 一北京：企业管理出版社 , 2023.2

ISBN 978-7-5164-2722-4

Ⅰ . ①冷… Ⅱ . ①朱… Ⅲ . ①企业管理　Ⅳ . ① F272

中国版本图书馆 CIP 数据核字（2022）第 174609 号

书　　名：	冷眼：一位总裁30年的行与知
书　　号：	ISBN 978-7-5164-2722-4
作　　者：	朱巨露
责任编辑：	徐金凤
出版发行：	企业管理出版社
经　　销：	新华书店
地　　址：	北京市海淀区紫竹院南路17号　邮　　编：100048
网　　址：	http://www.emph.cn　电子信箱：emph001@163.com
电　　话：	编辑部（010）68701638　发行部（010）68701816
印　　刷：	北京博海升彩色印刷有限公司
版　　次：	2023年2月第1版
印　　次：	2023年2月第1次印刷
开　　本：	880mm×1230mm　1/32
印　　张：	10.125印张
字　　数：	200千字
定　　价：	69.00元

版权所有　翻印必究 · 印装有误　负责调换

序一　直击人心的金句

大约十年前，我收到一条短信，自称朱巨露，自我介绍大致是：做过老师、公务员，下过海，现为某中国著名民企高管、企业大学校长，为多家企业进行过管理培训和现场指导。然后说，如果您认为我这些经历还过得去，值得加微信好友，就以此电话号码加我微信，或告知我微信号，我加您。如果认为不值，可不回复，没有关系。

我觉得此人有趣、坦荡，当然这样的经历也证明了他的能力，也看出他的自信。我直接用他的手机号加他微信，他也秒过了我。几天后，他约了一个饭局，很贴心地找了离我住的乡下不远的一个"农家乐"——我喜欢郊外的那种夜凉如水、虫声四野的就餐感觉，更不喜欢为一顿饭局跑城里来回好几个小时。那天，我叫了一个水处理专家袁总，一起在阡陌中步行三四公里，到处生机勃勃，心情极佳。他那边的朋友也很好，那天我们一见如故，后来他和袁总也成了好朋友。

后来，我们还一起策划想做个书院，后因各种原因暂停了。然后他辞去高管职务去做一个高科技公司，成绩斐然，如果不是这三年新冠疫情的影响，他的公司应该已经上市了。

我很奇怪他做事为什么一做一个成，亿则屡中的感觉。当然他是一个很可爱的人，我们一直来来往往，隔三岔五喝酒，但这

冷眼 —— 一位总裁30年的行与知

都不能解释他为什么做事成功率高。我喜欢的人、经常喝酒的人很多，不能说只要我喜欢，只要经常和我喝酒，就百事可成。这一定与我无关。

我是大学老师，但也常常给企业家讲课。他是企业家，竟也常常给企业家讲课。我玩虚的，讲文化讲哲学，全部形而上，不落地；他净说实的，用哲学来解释管理学，用文化来分析人心和市场，接地气得人气。他的场子，那叫一个红火、热烈。我看过一些他讲课的照片，他在台上指挥倜傥，风度绝佳，气场弥漫。他长相一般，但一旦生动起来，指挥起来，我们会忘了他的长相，只觉得他潇洒，让人心仪。他给大大小小的企业和大大小小的老板们讲课，确实能给到他们切实的指点，真能提高他们的效率，让他们受益。他不忽悠，他讨厌那些成功学大忽悠，他和那些大忽悠不同：大忽悠们未必让听课的赚了钱，但自己赚了钱。他是，让听课的赚了钱，他自己，真没打算从讲课里赚什么钱——最多拿点培训费，和朋友们喝酒够了。

《冷眼》是他这么多年讲课的精华，也是他自己在社会里摸爬滚打、冷眼洞察、热心关注的人生体会。我看了，觉得好。全书四大篇：思、悟、行、功，主体精华部分用的是格言体，不是逻辑严谨、抽丝剥茧的长篇大论，而是直接给到的、没有论证过程的一个结论、一个判断、一个观点。这不仅是他多年思考、实干、感悟所得的精粹，也是他多年培训讲学时迸出金句的收揽，还是他多年培训传播的心得体会——从传播学的角度说，格言的好处是直接给到，直击人心，最容易打动人心，也最容易被人记住，还最容易被人听话照做的。从应用的角度说，一两句直击本质的观点，就是最好的指点。朱巨露真是深谙其道。他的这种格言体，还切合了当今快节奏时代的阅读特点，也切合了他的听众、他的读者的认知能力和接受模式。

比如他这接连的四段。

☆人生只有两件事：做好准备，抓住机会；抓住机会，利用机会。

☆人生有三类事：喜欢做、愿意做、必须做。喜欢做的事让人开心放松，愿意做的事往往来自理性的思考和利弊的权衡，而必须做的事则源于责任、道义和良知。真正考验人的是认知到必须做的事并把它做好，最高境界是把必须做的事变成喜欢做的事。

☆手上做着一件事心里却在想着另一件事，与面前的人聊天，却总不经意间想起另一个人。事多了，每件事都想做好，就有点浮躁了。

☆关注"这一个"，慎思"下一个"，不要在不满意"这一个"时去幻想"下一个"，先集中心神搞好"这一个"，活在当下。

想着那些正在做事的大大小小的企业主,懵懂之中,迷茫之下,看到这样的句子,是不是于我心有戚戚焉?

但老实说,如果朱巨露的"格言""金句"都是这一类,那还是平庸了些,平庸到和一般市场培训师或者鸡汤大师一个级别了。朱巨露不应该和他们在一个水平线上。

其实,金句也好,格言也好,是分成两类的。

第一类,是所谓励志类、道理类,这一类往往没什么成色,阿狗阿猫都能侃侃而谈。

比如我们随便网上搜一下:

人生的意义不在于拿了一手好牌,而在于打好手里的烂牌。

君子的力量永远是行动的力量,而不是语言的力量。

这样的所谓格言,你不能说它不对,但即使对,也不过是一句正确的废话,因为它永远避开真正的问题。比如第一句的关键,应该是"如何打好一手烂牌",而不是"打好一手烂牌"。而第二句,语言难道不是重要的力量吗?说这话的名嘴,就是靠语言吧?质言之,语言岂不也是行动?很多时候,他们侃侃而谈的这些,你反过来说也没有什么不对。比如某名嘴到某大学讲演,第二天有学生兴奋地告诉我她听到一句金句:

你可以选择放弃，但不能放弃选择。

但这一句话，反过来说有什么问题吗？

你可以放弃选择，但不能选择放弃。

感觉还更好一些是不是？

所以，我对喜欢说励志类"金句"的人有一种特别的不信任，乃至不耐烦。某次讲座，主办方拿来嘉宾留言簿，让我留言，我随手一翻，也是奇怪，就翻到上面这个名嘴的那一页，她的题词是：

仁者不忧，知者不惑，勇者不惧。

这可是孔子的名言。但不知道为什么经她一说，我就不耐烦。于是，就在旁边对称的那一页，写下了我的留言：

仁者忧，知者惑，勇者惧。

有什么不对吗？我觉得更好。

所以，对励志类格言警句，要保持警惕。它们既不能让你获得新的认知，也不能使你拥有某种能力，就是一些正确的废话，甚至是似是而非的混账话。喜欢这类"格言"，往往是思想的懒汉——他只是需要一个行动的理由，而他自己又不愿意动脑筋，于是就找一句格言来为自己的选择背书。

而第二类格言，属于揭示某种真相，洞悉某种秘密，直达某种本质的，比如民间的一些谚语：纸包不住火，雪地盖不住孩子。我喜欢这一类。

比如我也是网上随手一搜：

人一到群体中，智商就严重降低，为了获得认同，个体愿意抛弃是非，用智商去换取那份让人倍感安全的归属感。

所谓的信仰，它能让一个人变得完全受自己的梦想奴役。

在与理性永恒的冲突中，感情从未失过手。

有时不真实的东西比真实的东西包含更多的真理。

群众没有真正渴求过真理，面对那些不合口味的证据，他们会充耳不闻……凡是能向他们提供幻觉的，都可以很容易地成为他们的主人；凡是让他们幻灭的，都会成为他们的牺牲品。

哦，这是古斯塔夫·勒庞《乌合之众》中的"金句"。是不是开脑洞，是不是让我们恍然大悟？

再看看迪特里希·朋霍费尔《狱中书简·关于愚蠢》：

对于善来说，愚蠢是比恶更加危险的敌人。

愚蠢是一种道德上的缺陷，而不是一种理智上的缺陷。

蠢人不可能靠教育来拯救。他所需要的是救赎，此外别无他法。

我们的统治者是希望从人们的愚蠢之中，而不是从人们的独立判断和敏锐思想之中，获得更多的东西。

是不是说出了真相，抵达了本质，是不是唤醒了我们的认知能力？

这一类格言或金句，才是智慧，是比我们更智慧、更具有洞察力的人给我们的启示。

你能分辨上述两类格言的不同，明白两类"金句"含金量之天壤之别，不被第一类格言忽悠，在第二类金句中找到灵性的触动和认知的提升，恭喜你，你已经如胡适所说："不受人惑"而"开卷有益"了。

庆幸的是，朱巨露这本书中的"格言"，绝大多数属于第二类，也因此撑起了他这本书智力的高度，保证了他思维的品质和这本书的品质。我喜欢朱巨露"格言"中的以下一类——

没有特殊，我们都是规律中的一个，但我们又真的很特别。

一切的没有发生，是还没有到达临界点。

诚实地面对自己，你就有了所有的智慧。

对人的定义最好能止于：有缺点的好人。

人们并不相信事实，人们只相信自己认为的。

当朱巨露的这些"金句"在书稿中扑面而来的时候，我对他

冷眼 一位总裁30年的行与知

脱帽致敬了。

  这也是随手复制的。说出或写出这类金句，需要一种对生活的洞察力和高度的语言概括力。我不是说朱巨露的格言可以比肩勒庞和朋霍费尔，我是说，他的这本书，和市面上流行的大多数鸡汤书励志书成功学书不同，这本书中的这些"金句"，是有含金量的，是可以读一读，想一想，然后，有所醒悟的。

  是为序。

鲍鹏山

（上海开放大学教授，中国孔子基金会学术委员会委员，央视《百家讲坛》主讲嘉宾）

2022年11月

序二　思考的力量

收到华为原同事兼好友相鹏发过来邀请我写序的书稿，一口气读完，顿感作者朱巨露先生花费数十年时间思考后的沉淀，积累了巨大的能量。

人类之所以在不断进步，关键在于我们一直在"思"、一直在"悟"、一直在"行"，一直在实践中检验我们付诸努力后所获得的成果。这一系列成功的经验和失败的教训，都是我们宝贵的财富，是实实在在的"功"。作者在这几十年的人生历程中思考、领悟、践行，成果非常丰富，让人受益匪浅。无论是做人还是做事，这些归纳和总结出来的条条都能提供很好的启发，使得我们可以在此基础上继续进行有益的深入思考，并指导我们的实际行动。

在企业管理的理论与实践之中，任何管理体系的建设和管理制度的制定，都要基于对人性的认知。人性是灰度的，善恶是同在的，我们顺应人性、引导人性向善，在管理政策与制度中体现出人性的光辉，通过物质激励和非物质激励，让人们努力地去干对自己、对企业、对社会有价值的事情，并客观和乐观地对待行动后的结果，那么我们这个世界就会充满阳光。作者对于人、性、我、真、心、爱的思考，以及上升到道、阳明的思索，其实就是每一个管理者在管理实践过程中必须要厘清的管理思想的底层逻辑和管理行为的导引方向，逻辑通了、方向对了，管理的有效性才能凸显出来。

我们中的绝大多数是普通人,但我们又普遍不甘于平庸,于是读书成为一种时尚,也是不甘平庸的普通人进步道路上的常态。作者读过很多的书,做过很多的笔记,他在这些批判性阅读的过程中积累下来的大量心得体会和感悟,构成了本书的主要内容。读者在阅读本书的过程中,再通过自身的批判性阅读和思考,就可能获得进一步的感悟,甚至可以和作者切磋,如果有这种冲动和意愿,那就是幸事了。作者对"工作"、对"洗脑"、对"忙"……如此种种的认识和解读,充满了智慧和幽默,吸引读者进一步认识、探讨、补充、再认识,然后可以逐步完善自己的思想体系和知识体系,自身价值感也会得到极大的提升。

世界的运行有其天道,社会的运行有其规则,人生在世几十年,能察觉天道与规则,哪怕只是部分了解、理解和领悟,都会是满心愉悦和豁然开朗的。作者通过冷静地观察这个世界、了解这个社会,察觉和领悟出这么多的道道,有经验、有教训、有感受,有美好的事物,也有扎心的事实。但他始终能以一颗热诚的心,去认真感知现实中的真善美、感知客观中的假恶丑,用人性的光辉去照亮前进中的路,让人们能够体会到世界的温暖和社会的温情。特别是作者在领导、经营、管理、团队、沟通、问题、培训、工作等方面的这些领悟，不仅他自己感到愉悦，而且通过无私的分享，让更多的人感受到工作和生命的意义，增加了愉悦感和幸福感，这真是善莫大焉。

人的渺小在于任何人都无法直接改变世界，也无法直接改变他人，但人的伟大又在于可以通过个人的魅力组建和领导一个强大的团队去改天换地，以及影响他人。本书中所展现的这一切，都是作者在多年的思考之后，伴随着领悟和践行积累而成的力量，但愿这种巨大力量，能够在读者中不断地传导，不断地影响他人，让更多的人受益。

徐赤

（华为公司原执行副总裁、内部服务管理委员会总裁、

人力资源部副总裁，武汉理工大学管理学院教授）

2022 年 10 月 3 日于上海

自序

我是个悲观的乐观主义者，或者叫乐观的悲观主义者。

所谓悲观，是指人生的终极意义。人生有没有意义，又有什么意义？对这个大问题我是偏"悲观"的。在我看来，人类和所有地球上的其他生物乃至万事万物一样，终究要消亡，连我们赖以生存的地球也是有生命周期的，当极限来临时，我们所谓的文明史、科技史，所有曾经存在过的事物，所有曾经在这个星球上生活过的人，其悲欢离合、爱恨情仇都将归于沉寂，仿佛从未来过；就个体而言，再辉煌的朝代、再伟大的企业都会消失，绝大部分人都不会被三代以后的人铭记。我们每个人活着的意义无非四个字：承上启下，对上一辈好好孝敬、养老送终，对下一辈好好培养、教育成人，对上对下尽职尽责，传宗接代，人类物种也因此得以繁衍，就算对得起来这世上走这一回了。

但是，这并不等于消极处世。相反，在看清这"悲观"的一切之后，我们才有更深刻的领悟——要好好完成来这世上走一回的任务可不是那么简单。若再对自己有点要求，可能还要花上终生的精神力气，在每个人生的拐角处，在每个具体的尘事中，都要修行自省，砥砺前行，积极作为。此时，大的"悲观"可退至底色，让我们冷静、理性、悲悯，而在切实的生活里面，则充满通透豁达的乐观精神，每事斟酌，每日精进，力求完美，不敢稍有懈怠。

"天地不仁，以万物为刍狗"，世界本是客观理性的存在，需要冷静地观察和思考，但人心却是有温度的，我们看世界的眼光应该是热切善良的，温暖而慈悲，所谓"看透冰冷的世界，保持温暖的心"，这是我的处世哲学。保持菩提心、出离心，以出世的态度去做入世的事情，也算又一层面的阴阳之道吧！

十余年来，我几乎每天都在做这样的反思剖析。遍及全国各地的游学，不同行业、不同岗位的职业经历，尤其是在从事企业管理工作的同时还身兼多家公司、机构的培训顾问，极大拓宽了认知边界，诸多人与事，使我有机缘悟得内观自省的妙法、养成提炼总结的习惯，随手记录下来居然有了十多万字。因为都是来自亲身实践的思考，也就有了接地气的实用功效，每与好友分享竟得谬赞，用于各类课堂也颇获好评，而我自己的企业管理实践则完全照此奉行，虽未得惊天伟业，却也成就了多家企业、帮助了他人，于是在诸友人撺掇下竟有结集成书的冲动，"让更多人受益"便成了我不揣浅薄的动力。

越是在企业经营管理的高层，越是常处传道解惑的讲台之上，越是发现自己的无知。最好的消除未知恐惧之法，自然是读书。我很庆幸拥有随时脱离俗务捧起书本的能力。阅读带给我无穷无尽的精神丰盈和生活乐趣，其中对传统原典的反复诵读，确实有助于思维高度的提升。更庆幸的是，我又有如此丰富的企业经营管理的活生生的"案例"去印证、体悟圣人之道。

大道至简，悟者自悟。圣人述而不作，我深以为然，因为很多实证功德只能由个体用心体悟，再好的表达技巧一说出来就不是那个味了，即所谓"道非道"。所以，在授课时我是比较"饶舌"的一个，总怕想表达的道理被人误解，总提醒听者务必完整吸收而灵活运用，不至于落得窠臼，甚至于常有"讲话出门不认"之语，实在是世事纷杂而言语苍白，文字更是如此。故虽斗胆结集，但我坚持用格言体，不作论证铺陈，只愿同道悟者自得，随缘而识。

因是格言体，自不必过于谋篇布局，看官随手翻阅，依文章顺序读来亦可，倒读亦可，随意寻章摘句亦可，均应各有所得。全书共分四个部分：第一章为"思"，记录本人在真、性、心、我、人、修、道、阳明、爱等方面的思考；第二章是"悟"，是我对一些人生命题的灵感顿悟，包括我在不同时期、不同心境下所写的一些小诗，由于概括性强，不便于细分主题，就统归于此。我并不懂韵律，小诗纯粹是当时随心信笔，重在表意，格律上类似"打油"；第三章是"行"，是我在不同企业、不同阶段为当时面临的实际问题而写的实用性文字，不一定有多么高深的理论功底，但均有

冷眼 —一位总裁 30 年的行与知

很强的实效性和针对性，是行动的总结吧，可供读者诸君参考；第四章"功"则是基于以上的"思、悟、行"总结出来的企业经营管理实践中的实效功用。在我看来，以儒释道为代表的传统文化在包括企业经营管理在内的所有社会活动中都是一体贯通的，企业管理也是我将学习与思考付诸实践的主阵地，二者互为比照、相得益彰，做企业的朋友可重点阅读此章，包含领导、经营、管理、团队、工作、沟通、问题、培训、工作等方面。第一章和第二章属"知"，第三章、第四章属"行"，知行本属一体，以上划分也并不绝对，为求章节有个大致的逻辑，个别地方可能还有重叠，读来相互对照也是一乐吧。

因为毕竟是一本书，是需要花时间翻翻的，这本书本身也是因读书而写的，所以我还是愿意再费笔墨聊聊读书。其一，有些书是不能带功利心去读的。不是说你从书上学到了一个什么东西，马上就去用它解决了一个什么问题。你只管去读好了，甚至都不一定想为什么要读，书中的营养自会沁入你的灵魂，变成你身体的一部分，往真善美的方向塑造你的人格，正如你给一棵树苗浇水，你不能说哪一滴水给了哪片叶子。等到有一天你遇到了个啥事，或偶然灵光一现，某本书里的某句某段就给你点了一盏灯、指了一条路，让你豁然开朗，让你无比轻快，甚至原来重如磐石的事突然变成小菜一碟了，而你并不知道是哪本书哪句话的功效，这时你又何必要知道呢？其二，我觉得，年轻人每天应至少保持一小时的阅读，这样日积月累，在关键时刻，这些东西总有一天能帮到你，进可建功立业，退可修身养性。读书明理不一定让你飞黄腾达，但可以让你在任何情况下拥有一颗平静的心。其三，我建议诸君多读原典，给心灵注入源头活水。从经典古籍中汲取智慧，用于看似风马牛不相及的企业经营管理照样可行，因为"企业的发展本质上还是人的发展"，经典原典正是教人做人的学问。

多年来我经常遇到这样的疑问："你讲的道理我都认，但你不教方法我怎么做？"我只能笑笑。你"认"，你何曾"认"了？顶多是对别人百折千回、历经磨难得来的领悟表示同意而已，又何须你来同意？唯有用心体悟、全心践行，才能"心生万法"。机械地、迷信地、懒惰地希望有一些照搬照抄的操作方法备用，迷恋"术"而忘却"道"，实在是肤浅。没有"道"统御的"术"，最终也难免流于表面而不得长久，甚至会走上歧途。所以，我们还是把修道作为共同话题吧，宁愿"空"一点，但也会更开阔一些。修得慧眼，自能看清更多人间世相。但话说回来，在实际的顾问培训实践中，我还是以大量的案例实操投喂，毕竟人们的现实渴求不能不顾。

冷眼 一位总裁 30 年的行与知

在此，我要特别感谢一直以热切的目光关注我、鼓励支持我出版此书并为之付出心血的凌龙兄，他是一个才华横溢、性格耿直的西北汉子，对人生、对企业管理皆有非常精到的理解，是他不断地鼓励和鞭策，才使我鼓起勇气把多年积攒的这点"家底"拿出来示人。在此过程中刀削斧砍，不断删改，就如再次回顾并反省了自己的人生。同时，也要感谢我各个职业阶段所有的同事、朋友、客户、合作者和竞争对手，是他们无数次的对谈、争吵和指正，要么与我共同完成任务，要么设置一些障碍阻止我达成某个目标，让我得以置身于或畅快淋漓或漩涡泥潭的各类场景中，从而产生了无数灵感，才有了这些苦思冥想的点滴所得。他们给我带来的解决各类问题的巨大智慧支撑和了悟人生的快感，让我每每津津自喜而自认此生值得，让我觉得人有头脑、有思想地活着真好，一切的艰难困苦都不在话下，仿佛人生只剩下了享受。

最后，我要把这本浸透了几十年心血的书，献给我慈爱的母亲和亲爱的妻儿。

朱巨露

2022 年 6 月 28 日于上海

目录
CONTENTS

第一章　思

01

真　03

性　06

心　08

我　12

人　18

修　24

道　34

阳明　39

爱　42

冷眼 一位总裁30年的行与知

第二章 悟

45

第三章 行

63

阳明心学是"立功"实干之学	65
改变工作模式	74
发挥潜能，不断学习，取得成就	81
做真正的领导者	87
洗脑·有效劳动·挖掘潜能	105
时代永远在奖励解决问题的摆渡人	109
让下属承担起责任	116
加强总部管理，支持业绩达标	123
论行政工作十大关系	131
融合管理：与高管的交谈	137
关于"忙"	141

关于会议、团队、审批流程　　145
关于"两级管理"　　149
关于培训　　151
关于"达成共识"　　154
关于事业部制　　158
莫孤独，要慎独　　165
高管行为建议　　167
给下属　　172
"全员 CEO"运作模式要点　　180

第四章　功

185

领导　　187
经营　　211
管理　　217
团队　　250
沟通　　262
问题　　269

冷眼 —一位总裁30年的行与知

培训　278

工作　290

编后记　大珠小珠落玉盘　　295

第一章 愚

第一章　思

真

"一真一切真，万镜自如如。"

真，是离智慧最近的通道，也是我们需要一生不停修炼的功课。

极度开放，极度透明，极度求真。

真善美不仅是并列关系，更是因果关系，首先是真。

先求真，再求解。

做人一定要真，求真求简，素直相处，以应复杂。

面对真实，是最大的勇气和智慧。

"真"的勇气来自自我认知的智慧及"无所住"的本心，以达于"诚"，"诚则明"。

无关态度，只是本真。

没有灵魂的觉醒，走不出自己，达不到真相。

"真"有三重境界。

（1）事实。

（2）事实的全部。

（3）破除一切阻碍重现事实的全部。这些阻碍包括偏见、情绪、立场和对自己的不敢正视，以及来自道德和环境的压力等。

"真"的四重含义：不假、不缺、不相、不虚。

不假：必须是真实发生过的，不是编造和臆想，这是基本前提。

不缺：必须是事实的全部而不是部分，前因后果、来龙去脉均要清楚，全方位，多角度。

不相：必须是事实的本质而不是表象，不能被表面事实所迷惑。

不虚：搞清全部事实后，要勇于面对，不回避，不自欺。

表达"真实"也有三重境界。

（1）你说的是你想说的。

（2）你说的是你所想的。

第一章 思

（3）你说的是你拷问过自己良知的。

事实不一定是真实，事实也不等于真相，真的真相与肯定、否定无关。

事实可以用眼睛去看，而真相则必须用心才能看到。世人多用眼者，因此丢了真心。孟子曰："学问无他，求其放心而已矣。"

努力说真话，绝不讲假话。不方便说真话，就用沉默来讲话。

说真话的好处是不必总得记着。说假话就得记住，徒耗了精力，会很累。

批判不等于否定，它是为了揭示最接近的真实，这也与批判者如何批判密切相关。

世界太复杂，唯简单以对。简即真。

直击本质，才能简单。

性

"自诚明谓之性",性即本真永恒,即道,即我们本来的模样。

千变万变,人性不变。

把自己人性最黑暗的那部分拿出来!

大部分人大部分时间是感性的,只是偶尔理性。

没有特殊,我们都是规律中的一个,但我们又真的很特别。

看到不等于看见,看见不等于看清,看清不等于看全,看全不等于看懂,看懂不等于看透,看透不等于看开,看开不等于看淡,看淡不等于看空。

淡定,回归本原。

路边的野花,兀自开着,它只管开放,甚至无视温暖的阳光和阴影。

第一章 思

有些事，你唯一能做的就是：等。

不要担心刮风下雨，因为你对此无能为力。

一切的没有发生，是还没有到达临界点。

是火车长还是轨道长？答轨道长是科学，答火车长是哲学。大部分时候我们需要科学，任何时候我们都需要哲学。

道，曰常，曰一。大道至简，知常而作。

回归简单和常识，去做到！

虚，静。

"静之徐清，动之徐生。"

思虑是有重量的，不要背负太多，万事随缘就好。你看这莲花，开则开，败则败，多自在。

既然存在的没有什么不对的，那么，有人认为这个存在有些许不对也没有什么不对，是吗？

心

中文意义的"心"一定不是"heart","心理学"之"心"也显得肤浅,它应该是一个哲学概念,是身体、思维、智慧和世界观、人生观、价值观的综合体,在不同的语境中表达重点又有所不同。在英文里很难找到一个词与它完全对应,实在要找的话就勉强用"soul"(灵魂)或"spirit"(精神)吧!

万物由心,心即理。

理至穷处,便是信。

心,即道,即神,即人,即般若,即一切的缘起缘灭。

心若菩提,本心即佛。

心为本心,心非本心。

善修菩提心、出离心。

在所有的事面前,要有出离心;在所有的人面前,

第一章 思

要有菩提心。

出离心让人通透,通透就有智慧和灵光。

菩提心让人慈悲,慈悲就有容纳和力量。

入局破局,出离心。

以出世之心,做入世之事。

人,要随时保持一种脱离世界看世界的姿态。身做不到,心做得到。心即身。

万化根源总在心。

万物若在本心,心去如何?

若无心,万物何由?

心生万法,妙不可言。

心生万法,无量法力:愿力、专注力、洞察力、创造力。

修在起心动念,心念起处就是行了。

悲悯,恻隐之心,那是"你我同类同样"的叹息,是人性的平等,不是同情。

开"心"才会开心。

养心即养生。

只有纯粹、干净的灵魂,方可静心。

冷眼 —位总裁30年的行与知

面对变化，随心而动，克服盲目与急躁，理性处之。

不一定得到所有，但可以降低需求。有一颗宁静的心，幸福就离你不远了。

相非相，相即心。

有人处问道，无人处寻心。

有心，用心，无心。

以他心为心，以万物为心，以天地为心，以时空为心，以过去未来无穷为心。

孙猴百变（无常），不离猴心（常）。无常常，常无常。不断转身是变，而百变之中一定有不变的东西。

物乃心之物，心非物之心。

格物，非以物喻理，乃借物照心。物是物，非此物；心是心，即此心。物易而心恒，故须诚意、正心方能致知矣。

拷问魂不附体的人。

正而简者为上等人，正而复杂者次之，简而有斜者再次之，最次者为又恶又斜又复杂者。

明心见性，成就伟大。

最喜欢弘一法师的这句话："论人之非，当原其心，

第一章 思

不可徒泥其迹;取人之善,当据其迹,不必深究其心。"

"把心放回肚子里",此话大有深意,很多人的心是游离于身外的。

所谓责任心,即负"责任",用"心"做。

死亡有三种,很多人先死了(2)、(3),最后才是(1)。
(1)肉体失去动力;
(2)精神成长停滞;
(3)遇事不再用心。

如果你想,可以傲视一切。
回归内心,成就外在。

我

人一辈子都与"我"纠缠不清。婴儿时无"我",以为"我"就是世界,世界就是"我";慢慢长大的过程中有可能形成"我",但又会陷于"我"的陷阱中不可自拔。与"我"的斗争中能否在该坚持的时候不迷失自我、该突破的时候能超越自我,决定了生命质量。

我本无义。

佛即我,悟即无我。

既不能丢掉,也不能紧搂着不放的,是自我。

破小我,成大事。

舍小我,成大我。

读懂自己。

相信自己。

质疑自己。

第一章 思

与自己在一起。

爱自己,成为爱本身。

做自己,自己做。

人生就是一场跟自己的战争,与他人无关。

抛开所有"自以为"的"伞",自己就是"伞"。

我看着我在活着。

睡前原谅一切,醒来又是新生。

破"我执",识本真,悟大道。

看见看不见的。

面对不如意:充分的感知,完全的接受,改变的力量。

身体是我们与宇宙连接的通道。

情绪是生命的实相。

我行程排得很紧,但我很悠闲。不要"忙",要"紧凑而有节奏"。

脑子是耐用品,而不是装饰品。

脑子是个好东西,但脑子里的杂质也最多,要常洗。洗脑的事最好自己干,但一般自己不太乐意干,那就要有人帮着干。有人就专门干帮人洗脑的事,如耶稣,如老子、孔子。

  我们的大脑有足够的容量应对我们遇到的问题，我们终其一生只不过用到了脑容量的3%。从这个角度来说，"潜能无限""办法总比困难多"确实是有道理的。这既是一个科学问题，也是一个信念问题，主观与客观在此交汇。

  我们不完美，所以我们美。

  我们都是可爱的傻瓜。

  把自己变傻，就笑得出来。

  人人都蠢，只是程度不同，表现各异。

  只要想要的。

  自知、自信而已矣。

  动机＝诱惑＋恐惧。

  清晖如许，我心如月。

  我在梦里梦见我做了个梦。

  每个人的出现都是在教你一些东西。

  时间不知不觉，我总后知后觉。

  每当你以为找到了一条捷径时，结果马上会告诉你，得回到起点重来。

第一章　思

失眠让我们知道自己还活着，且会思想。

"我"是唯一的障碍。知否？知否？绿亦不肥，红亦不瘦。

每个人都在过他想过的生活。

潜意识从不骗你，哪怕你千万次地忽视它。

你以为别人是你痛苦的因，其实你才是你痛苦的因，你制造了你的痛苦，当然你也必定能结束它。

简单面对世界，保持身心透明。

苦难的价值就是以后你能笑着说出来。

高能量级的人必须有"三自"能力。

（1）自律：自我约束，自我控制，自我修炼。有目标，懂选择，加上高效时间管理。每天做最重要的事，见最重要的人。每日反省，从不找借口。

（2）自愈：历经沧桑，自我疗愈。不矫情，不做作，不自怜。经事，能抗，会自嘲，加上无依赖的自我调整。

（3）自燃：总是充满激情，时刻播撒能量。风趣幽默，乐观豪爽，无论多么疲惫和失意，无论遇到多大困难和挑战，在公众面前永远激情四射、光芒万丈，

冷眼 一位总裁30年的行与知

感染他人。

对自己的10个提醒。

第一，保持微笑，每天开心。

第二，付出不亚于任何人的努力。

第三，不做玻璃盖下的蚂蚱。

第四，不只顾加高藩篱而忘了上锁。

第五，不自以为是，也不自以为恃。

第六，永远自省，尤其要对自己的优点保持警惕。

第七，不要被他人定义。

第八，正心，无私而私。

第九，闭环。

第十，防呆。

简单、素直、喜悦，改过、修身、成事，布施、爱人、悲悯，多运动，过紧凑而有节奏的生活。

了解自己的需要，与自己和平共处。

诚实地面对自己，就有了所有的智慧。

事实与真相之间还有很远的路要走，其间的必经

第一章 思

之路是自己。走过自己，才能达至真相。

让自己变优秀，其他问题都会迎刃而解。

知止，求己，耐心练内功。

用反省和自己对话，并变成习惯。

有信仰的人才豁得出去，豁得出才能干成事。因为信仰会产生两个东西，一个是信心，一个是决心。信心就是坚信一定能够成功，决心就是愿意为了成功付出必要的代价。也有其他因素在影响，但就一般而言，真正阻碍成功的就是"信心+决心"，要么信心不足，要么决心不够。

真正的自信是在任何环境下都能确认自我价值，不被负向反馈所左右。不固执，不纠结，不痛苦。接纳，但有自我辨识。因为根植于内心的自信，圆润自在，无须呵护。

此生立志，做真君子。纵有一念非正，立克之。

冷眼 一位总裁30年的行与知

人

人是一切社会活动的根本意义。人是万物之灵，也可能是万恶之源；人有惰性，也有创造性；人常常力有不逮，但也蕴藏着惊人的潜能。相信"人性善"还是"人性恶"决定了不同的底色和起步基础。明知所有的恶，仍要笃信所有的善。

对人的定义最好能止于：有缺点的好人。

人，既是事的来由，也是事的去处；事，既是人的载体，也是人的意义。

人要知趣、识趣、风趣、讲情趣，这样才有趣，人家对你才有兴趣。

看本质，懂虚实，知进退。诚！

厚道比善良好，因为它是表达出来的善良。

做人，善良而正直是比聪明高贵得多的品质，而

第一章　思

善良+正直+聪明，表现出来的一定是厚道。所谓"极致的聪明是厚道"，是因为有善良和正直打底，即智慧。

你对别人好，别人也对你好，幸运！你对别人好，别人对你不好，正常！守住"正常"，感恩"幸运"，情绪平和，开心快乐！

靠谱就是闭环，心里有事，心里有他人。因为心里有他人，所以有契约精神，所以能控制情绪，善于沟通。

努力，但不急。

雨伞说："你不为别人挡风遮雨，谁会把你举过头顶？"雨鞋说："人家把全身托付给了我，我还计较什么泥里水里的。"感恩，担当。坚韧厚实，心宽似海。

可以孤单，不可孤独。孤单是身边没有其他人，孤独是找不到自己的灵魂。很多人说"我好孤独"，其实只是在描述自己的孤单。孤单可以享受，有孤独感尚可救药。去懵懂与无明，孤单时不觉得孤独，跟自己在一起，即观自在。

善，度，合适，留有余地。

人言，以为然，不语以默；人言，不以为然，不语以怼，皆非君子也。

君子坦荡荡，然然，不然不然，语以应，不惧示人。

孔子云：人能弘道，非道弘人。要仔细琢磨这句话的味道，明白作为"人"的主体地位和主导性、主动性，无所恃而立。

高人无可法而法。

与上士行，拉中士走，任下士笑。

情绪和理性打架的时候，性格在冷笑，它忘了其本身就是情绪和理性打斗的产物。打群架的时候，有时恐惧也参与其中，不过多半是帮理性的忙，尽管本身就是一种情绪。快乐难得出场，它藏在深深的见识之中。

我每天都在想："我现在这样活着，将来会不会后悔？"

生即苦，所以要活出乐来。

思维需要超越，尤其是超越貌似无法超越的东西，直接与达成目标的可能性连接。

你没有必要在弱者面前故意表现得更弱，以照顾他们的自尊心。他们应该变强，你应该更强。

第一章 思

你不拼一把，怎么知道自己有多优秀呢？

有些人连改变一下自己的尝试都不做，却说自己已经很努力了。

人们活着的时候以各种方式证明自己活着，直到无须证明。

人们总是选择一种与自己的行为相匹配的心态以使自己更舒服。

人性多棱镜，每个人都能看到其中的一面折射出的那束光。

当你发现某人是骗子时，他已成功地骗过了他自己。

所有人的人生，只是他自己的人生。

看到成长是人生唯一的价值。

拥有自在圆满的感觉才是幸福成功的人生，金钱也可以是其中的一个因素。

"脑补"和"解读"是人们的两大习惯，实际上它只是两个看法而不是事实，但人们很容易认为它们就是事实。是否在它们和事实之间设立"熔断反省"机制，反映了人的思维和修养水平。

冷眼 一位总裁 30 年的行与知

人们并不相信事实,人们只相信自己认为的。

人们都只是活在对事实的看法里。因为纯事实本身没有任何意义,而人们需要活在意义里。

有时候人们只是在大脑中组合错误,却以为是在思考。

人生就是做选择题。

看人视事,用你自己的眼睛。要站在一个足够的高度,或选一个精准的角度。

从悲悯和欢喜的半径,可以看出一个人的心胸。

所谓成功就是人格的自我完善。

没有任何一段变故可以真的毁了一个人,除非他配合着自毁。

不觉得自己受伤害,就不会受伤害。

人们执拗于过去,有意或无意,那是他存在的证明。他得肯定、确认自己存在过,那也是继续存在的主体,也因此有了前行的依附。过去是未来的皮囊,醒着却是在沉睡。

空,乃觉悟去迷之路,回归混沌、懵懂。段位在时间的切分,年月日分秒,"瞬有存,息有养"者。空,

第一章 思

是至尊的乐观，面向未来，它总是新的。

轻松，无，愉悦，沉沉的不是岁月，是过去。

有一种人，对所有看不见的东西都不屑一顾。愚蠢又不敦厚，自以为精明并拿着这把自制的精明尺子丈量一切。

人们很容易把成功归功于自己的能力和努力，一旦失败了就找客观原因。

人们总是把利益放在内核的最里层，外加正义、公德等漂亮的包装，放弃的顺序是由外及里，最后不能自保的时候才不得不选择合作。

愤怒时的微笑最显心胸，逆境中的坚持最显价值。

没有人文情怀化育的社会好不到哪儿去！

人最大的运气不是捡钱，也不是中奖，而是有一天遇到某一个人，打破你的原有思维，提高你的境界，带你走向更高的平台。

世上无人不带伤，最美的是愈伤愈纯真。

一切都是人的问题，人的问题归根到底是价值观的问题，是"心"的问题，是哲学问题。

只有哲学家才会成功。有些技术专家也成功了，那一定是因为他已"蜕变"成了哲学家。

修

"修"真是个很好的词儿,它融合了"学、练、静、动、时间、空间、改变、提升"等几乎所有的概念,一呼一吸和海雨天风都是修。就在此生修吧,莫幻想来生,此生即前生所修之果;就在人间烟火里修吧,进可建功立业,退可颐养精神。

——————✦——————

人生的意义就是认识到人生的无意义。

专注于事情,允许情绪发生但不受其影响,这就叫修炼。

把这辈子过好,就是修下辈子。

共生,当下。

当把修行者和普通人作为相对概念来说的时候,他们有什么不同呢?修行者也是普通人,但修行者"息有存,瞬有养",视生活的点点滴滴为修行的机会,

第一章　思

总是内观、总是反省、总是自我觉察、总是修正、总是精进，无一刻停歇，而普通人总是停留在眼前和表面、总是外求、总是归因心外、浑浑噩噩、"懵懵而兴、蠢蠢而食"。看起来修行者和普通人没有什么区别，每天吃饭、睡觉、干活儿，实际上却有云泥之别。

人生只有两件事：做好准备，抓住机会；抓住机会，利用机会。

人生有三类事：喜欢做、愿意做、必须做。喜欢做的事让人开心放松，愿意做的事往往来自理性的思考和利弊的权衡，而必须做的事则源于责任、道义和良知。真正考验人的是认知到必须做的事并把它做好，最高境界是把必须做的事变成喜欢做的事。

手上做着一件事心里却在想着另一件事，与面前的人聊天，却总不经意间想起另一个人。事多了，每件事都想做好，就有点浮躁了。

关注"这一个"，慎思"下一个"，不要在不满意"这一个"时去幻想"下一个"，先集中心神搞好"这一个"，活在当下。

有缘视见懂得道理本亦不易，而能抛却成见、情绪和狭隘去践行真理，用脆弱的理性真知与强大的感性无明抗衡，该是多大的福报啊！

别人怎么对待我，这是我的因果；我怎么对待别人，这是我的修行。

有道则见，无道则隐。

瞬存息养，阴阳穿行。

孔子曰：志于道，据于德，依于仁，游于艺。

不是儒家、佛教，而是被曲解异化了的儒家、佛教在贻误人们。许多不懂儒家、佛教的人在狂妄无知地指手画脚，夏虫语冰。

习惯隐藏因果。

自律至习惯，乐在其中。

稳，韧，惧，善。

看本质，不盲从，常思考，勤验证。

如果你从未有半夜醒来执着于对生命意义的思考，那就活该活在各种意念束缚的樊笼中。

说"简单"。

（1）本来就简单和历经沧桑的简单可不是一个

第一章 思

简单。

（2）本来的简单或经历平淡或智力情商有缺，陷于表象归因和单一线性归因。

（3）历经沧桑的简单是看透世相出离后的回归，是世事洞明的厚道，是以神性见人心的穿透，是菩萨心肠的霹雳直击，是形而上的形而下。

（4）这两种简单也可能有连接，有让人分辨不清的交集，甚至同具佛性，心正则正。

从烦恼入手，去止息烦恼。"烦恼即菩提"。

大部分人在傻乎乎地被短暂快感刺激左右，而失去了获得长期幸福和成就感的能力。延迟满足，是修行者的标配。

居退思进，海阔天空。

空其心，大其局，修其身，成其事。

微笑，自律，恕。

去贪，去慢，去疑。

施财，施法，施无畏。

风起，莲动，云飞，心止，天地静。

冷眼 一位总裁30年的行与知

不妄论,不解释,不要脸。

士可辱,不可杀。

遇事不怒,对错不辩,输赢不争。

修己度人,走心过脑。

关注任何一个东西,一个念头也行,什么都不想,你会发现你做不到。做不到就对了,所以我们要修行。无无明,亦无无明尽。

改变是唯一路径,愚蠢即放弃改变。

活在当下。

早起的命运,取决于你是虫儿还是鸟儿。

不慧而聪者死。

闹市中可练禅定,尘世间正好修行。

最美的老去是从容。

微笑表达自信,自信赢得信任,信任才有机会,机会创造业绩,业绩改变生活,生活更多微笑。

狭路相逢宜回身,往来都是过路人。多主动让让,大家都好。

个人修为应服从于职业素养。

反省是最值得称颂的美德和智慧来源,然后就是

第一章 思

行动、行动!

搞清楚到底想要什么,理性思考自我修炼的一个前提或方法是:时刻反省,提醒自己"我可能是偏颇甚至错误的"。临事不惧,保持审慎。

勤奋的意思至少有两个:一是付出超出常人的劳动,二是永不停歇地学习和改变。第二点尤其重要。

师傅,我酒后老是不能自控,失态出格行为频出,所以我下定决心戒酒了。

徒弟分明在瞎扯!喝酒失态,正该在酒中修炼,倘若戒酒了,在哪里炼去?若本不爱酒,自然戒掉罢了;若本爱酒,则更应在酒中去炼,炼到如泥烂醉而泰然自若方是功夫。事上磨,不逃避。

一位滴滴快车师傅态度很不好,电话中语气焦躁且不耐烦,我明明早早站在路口等着,他找错了地方,却说我的定位错了。更有甚者,他拒绝我的关窗提醒,坚持说透透风比较好,把我冷得不行。一般遇到这种司机,我不会计较争吵,那是白费力气,有时甚至会

冷眼 一位总裁 30 年的行与知

带来更多的不快,反正就一次性的事,我也没有帮助他提升的义务,他影响不了我的心情,但我会在下车前拒绝说"谢谢"。不过,这次我决定挑战一下自己,我暗暗告诉自己,待会儿下车时要一如往常地道谢,而且要真诚,至少要平和。就这么简单两个字,我居然要先下个决心,因为这不是我的惯常。下车时我还真说了这两个字,但只有我知道,话出口前曾有一秒钟的犹豫,说出来的两个字显然有点勉强。人真是一个情绪和惯性的动物,大部分时候会被情绪掌控,会被他人的行为,尤其是他人对自己的态度刺激,实际上是被他人外物牵制,且毫不自知,或模糊认知但无法自拔,从而失去了自己:"因为他那样,所以我当然这样",如此这般的句式比比皆是。其实,这样的因果句式未必成立,要跳出这种认知的死循环,关键是做自己,真正做自己,做真正的自己。风动幡动都是心动,自心不动,万镜如如。又似我还算有些自知,稍作改变就这般不适,虽自己暗自着力,行动起来还是踌躇,诚之不至,何况众人之不知乎?炼知炼行,皆是修心也。

第一章　思

樊登：你可以把这个世界上所有人都当作已经开悟的禅师，除了你自己。每个人都在用他们的方式试图点化你，他们让你生气，让你心烦，让你受辱，其实只是为了让你早日开悟。试着这样想想，试着这样看待你身边的每个人和每件事，你可能会顿悟许多道理。

晚上喝茶，几个朋友都在问到我对中美贸易摩擦的看法，我说我没有看法。我的信息量不够，并不知道事实的真相，包括各路媒体、个人的各路言论，顶多只是信息的一部分，甚至是伪信息，是个人臆测或情绪表达而已，听听就好。在利益交错之际，相信肉食者在努力权衡利弊，试图做出最佳决策，何况所谓最佳还需时间和实践检验，此刻空谈何益？有记者问任正非，"希望民众有什么样的心情看待美国封杀华为"时，他说："希望民众不要有什么心情，干好自己的事，为国家多产一个土豆也是好的。""国家兴亡，匹夫有责"不错，但须知匹夫即便有责，也是负不了责的。

成熟即自控。

人成熟的标志之一就是把那些只有酒酣之时才说

的话在不喝酒的时候说出来。

面对不想看到的局面,可以选择朝解决的方向做一些事,而所有情绪上的负面表达均于事无补。奇怪的是很多人的选择是相反的,他们甚至会以为抱怨和无视就算解决了问题,事实上对情绪的宣泄要完全依靠自身来完成,这个过程的隐秘性体现人的成熟度。

"居视其所亲,富视其所与,达视其所举,穷视其所不为,贫视其所不取"。"君子固穷"。物物,而不物于物。

原谅他人,放过自己。不在于事无补处消耗能量。

人人皆"虚荣、贪婪、侥幸",所谓修行就是克服之,所谓求真就是平抑之,不使其泛滥,不使其过度,不被其吞噬。

利他就是最大的利己,只管去"利他"好了。

如果你情商不高,就请你厚道、善良。厚道、善良就是最高的情商。

如如不动者是,从心所欲而不逾矩者亦是。

言施和颜施,这是每个人都能做到的。

哪有什么灵修,只有行修,修行,修日常行为。

第一章 思

想开悟的念头就是开悟的障碍，你只管去做！

心中一盏明灯，不光自照其路，还要引领他人。

佛学之半途既至"真"，而至境乃"空"。凡人终其一生而"真"难至，"空"亦妄空。做事可半修佛，求真；修身可全往佛，悟空。表真里空，尘世修矣。例如，"若见诸相非相，即见如来"，半解可通精益化管理之5why。

我们都成不了佛，但我们可以每天都在接近佛的路上，这正是修佛的意义；"众生求果，佛祖寻因"，用在企业管理中即"过程管理"。

佛法"六度"（布施、持戒、忍辱、精进、禅定、般若），用于修身，用于管理，均合。

道

此处之"道"非"道家"之"道",乃"道"与"德"之"道",与"术"相对应的那个"道"。

———— ∽ ————

"有道无术,术尚可求;有术无道,止于术。"

领悟智慧,以道御术。

世界仅有科学是不够的。

大道既失,纵使术器再精又有何益?

术:方法、技巧,是一切操作层面;道:原理、规律,是本质属性;爱:仁慈、悲悯、责任感,是善之力。

术之上是道,依道而行曰德,护佑德的是爱,爱是一切的语言。

术常变,道常常,爱恒久。

如果你不能从浮华中体验到孤寂,你就不是个悟道者。

第一章 思

思考，正念，聚焦。

不能上升至"道"的"术"是无法持续和传承的，没有"道"的指引，企业愿景只是空中楼阁。最好的做法是：以"术"切入，以"道"引领，再以"术"印证和强化，悟出更多更高层面的"道"，如此循环提升，大事可成矣！

做充满理想的现实主义者，做面对现实的理想主义者。

要有理想，但不要理想化。

跟懂规矩的人共事，跟靠谱的人合作，跟智慧的人交流，跟高能量的人分享。

不和心中无道的人讲道，"道不同不相为谋"，但可以尝试让不 open（开朗）的人 open 起来。

不要试图和跟你不在一个维度的人讲道理。

正视它，尊重它，亲近它，超越它。

上帝会帮你，而把上帝呼唤出来的正是你自己。

不是对错，而是选择。如何选择，有对错。

制者，行之轨也，奈何诡乎？易之根，诡之存，各宜其时。守礼从权，方内圆外，正其道。然得其法者寥寥哉！

"命"是注定的，"运"则靠自己。

所谓"命"，就是你被认知不足或虽有感知而放弃努力的事决定了结果。你同意且屈服了就叫"认命"，你不同意不屈服就叫"上运"，"上运"是个体意识的觉醒，"上运"后不断突破感知边界就叫"走运"，暂时被阻隔就叫"不走运"，永远被阻隔就是此生的极限，它实际上是生命意义的终止。

"命运"是一对时分时合的矛盾体，"命"相对静止，"运"相对动态；把握"命""运"平衡，明白其间永远有选择的机会；正视"命"，不轻易认命。"命"是起点和终点，"运"是成长的过程，生命的意义就在于找到双方最好的交汇点。

相比来说，性格磨砺是更难的事，这一部分要取决于天，即"命"，另一部分是各人的悟性，还有就是承受挫折并能从挫折中汲取养分的能力，也许这几部分是搅合在一起的吧，强为之曰"运"。

第一章 思

人生是道选择题，上帝在任何时候都会至少给你两个选项。顺境时莫得意，失意时莫颓废，你做另外一种选择时上帝都在。比如快乐，它就是一个选择。没有什么可以让你快乐，除非你选择快乐；也没有什么可以让你不快乐，除非你选择了不快乐。快乐不会向着你来，它只会来自你，你的心、你的选择。一切都是自己的选择，学会为自己的选择负责。

去欲，去无明，我们永远在路上。

君子断善恶是非，小人谋利害且将之置于善恶是非之上。小人众，小小人恶。

天欲祸人，必先以微福骄之，乃验其命贵贱；天欲福人，必先以微祸警之，以考其智方圆。

世界是解释的世界，连接是解释的源头。

关系有关系，关系调整即对期待的调整，调整要开放、诚实而有边界。

知不知常，辨妄作，避凶趋吉。

和其光，同其尘，无所住而生其心。

"重为轻根，静为躁君"，不可不察也。

有道者得，无心者通。

"看了许多书,懂了许多道理,仍然过不好这一生"。

(1)道理并未真懂。

(2)懂了并不去做,还是不懂。

(3)无爱,或无大爱。

有些人的生命雷同于每天的重复,他只是经过而没有经历;有些人的经历成不了经验,因为他没有总结和正确的总结;有些人被经验捆住了手脚,以往的成功限制了他的权变;有些人过于圆滑毫无原则地成了墙头草随风倒。凡事要有"度",要去"悟",要如"网",撒得开,收得拢,能说会做、"知行合一"为上上。

如果你不聪明,请厚道;如果你不厚道,请善良;如果你不善良,请愚钝。愚则智,智则明。学而不悟,是谓愚学;愚学,不如不学。

"夫大人者,与天地合其德,与日月合其明,与四时合其序!"

第一章 思

阳明

关于阳明心学：第一，有些句子实在太妙，我再说什么都是多余，只想将原文抄录于此；第二，相较于佛老，阳明心学作为儒家传承之一脉更适合于我们这个时代的个人、企业、国家和民族；第三，阳明心学两个"直指"，直指人心找到了起点、直指事功找到了终点，何不学乎？

心学要用"心"学，只用脑是学不来的。

"立志，勤学，改过，责善。"

"诸生责善，当自吾始。"

阳明心学行动哲学之性质，正是天下一切学问之本质。

心连圣贤，直抵源泉，自可赋能。

良知何所在？遇事只问心。

冷眼 一位总裁30年的行与知

文王可治无亦治，宣王可骂有还骂，孟轲自是大丈夫，程朱檐下做点学问，容易吗？直待阳明奋起，终是王心民心，道心天地心，统归自心。

"未有知而不行者，知而不行只是未知。"

情绪"心之体"，察微"意之动"；"良知"为导师，"格物"是本功。

用功于良知，则心常清明，不为欲弊，临事心不动。不动心，则自能应变。

悟阳明须具四德行。

第一，自我觉察，自知之明。

第二，观照他人，思齐自省。

第三，息养瞬存，时刻体悟。

第四，哲理思维，致以中和。

阳明心学。

（1）知性本一体，二则二矣。

（2）知不知，乃知。

（3）勿动恶念，念起即行。

（4）良知本有，勿使蒙蔽，修未发之中。

第一章 思

（5）事上磨，需于事上练功。
（6）道在意，不阻于语。
（7）致广大而尽精微。
（8）人一日而经古今世界。

　　心不静处可静心。夜宿于旅，浴间水漏，滴滴答答，时缓时急，扰人无眠。待起而视之，或疏或堵，忽记阳明有曰：愈难处愈修行，又仿其幼时格竹故事，区区水滴安能乱吾好睡？乃整顿心意，格此水声！于先则不拒此声，不烦它扰，静心听之，滴答声巨，正合我格；继声细，犹泣而诉，勾人浮想难抑；再音绵，如伴眠曲，及至有声似无，安睡久矣！一早往视，水滴皆无，果正心格物之功乎？无善无恶心之体，有善有恶意之动。此即格物功力，接受在先，心安气静是也。
　　什么都可以舍弃，但不舍弃内心的真诚；什么都可以输掉，但不输掉自己的良知。
　　有的人喝"鸡汤"就好，他需要的只是心灵安慰和情绪稳定；有的人必须吃"补药"，他在稳定心神之后更要获得辨别方向的智慧和奋力前行的动力。阳明心学既是"鸡汤"又是"补药"，咋吃都行。

冷眼 一位总裁30年的行与知

爱

> 很多人并不自爱，也没有爱人的能力。爱亦有道，爱之以道，此间学问深厚，影响着每个人的一生。要有全民性的爱的教育，多读传统典籍是一种路径。

人性有三层：爱、伦常、天理。

尘事有三种：喜欢做，愿意做，必须做。必须做的事毋须论证。

让自己开心，就是对社会的最大贡献。

爱之以道。

做人做事，自我价值确认是基础，爱的能力首先是爱自己的能力。我们很多人不爱自己，还有很多人只爱自己。更不幸的是，很多时候两者是同一人。

把孩子当人，把孩子当他人。

子女何须教育？最好的教育就是做好自己。

第一章 思

许多父母根本不是真正地爱孩子,他们只是爱因爱孩子而得到的好处。

孩子该打就打,但要会打。
(1)不因生气而打。
(2)打之前说明原因,征得同意。
(3)不得带侮辱性和伤害性。
(4)打完之后要拥抱说爱他。

孩子的破坏性、对抗性、自虐性表征,指向的是缺乏爱和关注,是安全感缺失。成年人情绪反应同理,大部分人一生都走不出童年。

家长的"三多三不":多读书、多自省、多陪伴;不抱怨、不侥幸、不自欺。

不懂得什么是爱,哪配谈去爱。

很多知识是没有用的,但你必须学,然后忘记它,让它成为你底色的一部分。

当原色退隐成底色,作用要大得多。

心智发育停止的代价,就是要用整个余生为其买单。

孩子要学习,成人要补课。补成长和自我成长的课。

所有缺的课都得补,至于有没有补课的机会,就看各人的运气了。

补课费很贵,不补课更贵。

很多人认为年纪到了就成熟了,其实生理上的成熟并不代表心理上的成熟,一生都长不大的"老小孩"到处都是。

阶段性的"爱"是靠不住的,爱要与时俱进。

爱情这东西,可以相信,不可以考证;可以拥有,不可以依赖;可以体味,不可以评说;可以独品,不可以比照。看到有人长长久久,那是他们一起往里面加了"佐料"。

不要试图去改变任何人,但可以做一些事情,去影响一些人。面对亲人、密友、共同利益者,不要被一些美好的期望所驱动,而去做必定适得其反地试图改变他人的努力。要学会"冷","冷"就是热。

第二章 悟

第二章 悟

我尤喜"悟"这个极具中国特色的汉语词汇，它蕴含了太多的微妙的不可言说的美感。相较于试验解剖和逻辑辩证等类，我想信"悟"是更高层次的科学。

———— ∽∞∾ ————

人活在境界之中。

格局决定未来，高度决定角度。

绝对相信的信念决定了你的生活。

宏观悲观，微观乐观。

时光从未流失，消逝的是我们。

对未来的预知感，决定了人过着与动物有区别的生活。

思维影响言行，言行养成习惯，习惯铸就性格，性格决定命运。

孩子的问题是家长的问题，下属的问题是上司的问题，青年的问题是社会的问题，他人的问题是自己的问题，外在的问题是内心的问题。

世界观是对世界的看法。世界观的基础应当是事实，这本身也是个看法，这是比世界观更重要的东西。

成人更不容易接近事实,因为往往此前已经有了态度和立场,所谓"相非相";而批判作为肯定和否定之间的灰度,几乎被人遗忘殆尽。

思想是最大的现实,现实从来就是被思想过滤后的真实。

把复杂的事说简单,以近本质。

一个运行良好的社会:要把个人基线拉低,把社会整体基线抬高。

解决矛盾要有高线,往上走,寻找共同点和最大公约数;体悟生活要有低线,往下看,不丢失价值和意义,任何情况下都要给心灵留出腾挪的空间。

道德的评价往往肤浅,因为太容易。

无谓地拔高道德,带来的一定是道德沦丧。无良媒体和所谓的文艺作品,总是把本职义务拔高来歌颂,不负责任地瞎吹,导致虚伪盛行和沽名钓誉者众,坚实行走者稀,不是认知的浅薄就是良知的泯灭。真正的有德者绝不附庸并对其保持高度警惕。

积极、乐观、布施、感恩、静心、专注、爱。

生活需要严谨但不必沉重,可以轻松但不能随意。

第二章 悟

舒适圈里能办事，但干不成大事。

曾以为，强者没有恐惧；后来发现，强者不是没有恐惧，而是能克服恐惧，不在恐惧的情绪里待太久；现在才知道，真正的强者，是能与恐惧共存，握手言和。

所谓的情商，就是愿意放下我执，为他人着想。

如果没经历过刻骨的孤独，你就不值得拥有极致的幸福。

只有当更糟的情况出现时，才会明白现在所谓的糟糕竟是那么的好。

背叛与欺骗总会有，你要做好准备。底线？生活哪有什么底线，只有权衡下的选择。

凡是你抗拒的，都会持续。

过分解读盛行，要学会解读别人的过分解读。

出者返，往者来。

乾坤朗朗，何欺于谁？

所有的戏，得是悲剧才好看，喜剧总归只是闹腾。

向来心是看客心，奈何人是剧中人。

生命的意义是什么？生命本身就是意义。奋斗的价值在哪里？就在奋斗的过程中。人总会死，但不能等死；可以哭，但总基调是笑。偶尔笑着哭，经常哭着笑。

所求若何？一粥一小菜，一光一吸呼。

用自己的眼睛看世界，而不是别人的。

看世界从来不仅是眼睛。

成功者早就成功了，人们看到的只是他成功后的样子。

心生万法心万法，道法自然道自然。

浪花认知到了自身是海水，它就超越了生死。

俗家要做通家：无我，无为，无恶，无知，乃俗家不俗，出神入化。无我而成我，无恶而去恶，无知无不知，无为无不为。

易通天下：变易，简易，不易。

变而不变，是为易。

利利不利，义利利也。

总要有人来维护正义。是的，如果你想干这事，先要让自己变得足够强大。

今君子邋失，以小人志为常。安得君子乎？"虽千万人吾往矣！"

第二章 悟

难的事能做成，才值得珍贵，就叫"难能可贵"。

以起点为终点，以原点为目标。以终点为起点，以有生处无涯。

身、心、灵，有所成者多活在灵的层面。

为什么总是要"聚聚"？因为友谊太脆弱，要经常在一起证明一下。

有暇多会友，无事常看天。

天蓝如镜，云虚若无。

云舒可浅吟，酒酣好翻书。

见己，见人，见世界。

地球是圆的，但人们的直感不是这样。

人生三要：探究真相，接受改变，选择长远。不作必要的改变，再勤奋也是懒惰。

大部分人并不能吃苦，他们只是在惯性的道路上无奈地重复，这正是回避"苦"，因为这比较简单。真正的吃苦，是朝着自己的惯性刀削斧砍，一刻也不停止改变和自省，以苦为乐。

做事而忘做人，做人而误做事，皆"二"矣，当以"一"解之。

冷眼 一位总裁30年的行与知

"弟子，你应该把窗户打开，看外面的虚空，宁静而广阔。尽量放松身心，凝神注视，慢慢地把心融入天空中，安住。"

人生无非六个字：折腾、无奈、未必。此皆为中性词，不带褒贬，不带情绪。"折腾、无奈、未必"是可以交错使用平衡心态的良药。心稳住了，一切的结果都是自然、可以接受的。所谓"学问无他，唯安心而已"。

（1）折腾。生命在于运动，在于设定一个目标并为之奋斗，在于不断努力去寻找生命的意义。"树挪死，人挪活"，要正确、合理、有效地折腾，不要瞎折腾、乱折腾。南辕北辙、刻舟求剑的事别做，没有价值的事少做。这是告诉我们要永远充满积极进取之活力，永远去探寻生命之新的可能性。

（2）无奈。要认识到人力有不逮，"吾生也有涯，而知也无涯"，接受不可改变的事实，"过程努力，结果随缘"，无论顺境逆境皆能安居其中。这是给我们一个托底的心安之处，一个任何时候都能腾挪的容身之处，不要活得那么急促。当我们有了这样的底线

第二章 悟

思维，往往更能坦然理性，挥洒自如，能量更能发挥出来，也就更有可能如愿成就。

（3）未必。任何事情都会有另外一种可能性，人的思维会受各种因素的禁锢而无法看到完整的真相和未来。成功了要告诉自己未必真好和一直好，居安思危、清醒反思；失败了要想到也许并没有那么糟糕，机会还在前头，重整旗鼓柳暗花明也未可知，永不放弃内心的坚定和努力。这是在任何成功失败的交汇转角处给我们预留的路径，告诉我们永远有选择，永远有未来。

时间永恒，我们在消逝。

光阴不就是用来消磨的吗？"不乱于心，不困于情；不畏将来，不念过往"。

现在是过去的将来，将来是立至的现在。如果你不满意现在的生活，思考你过去做了些什么；如果你憧憬将来的生活，现在你就该去做些什么。

不必慨叹时光易逝，未来的你总会在远处欣羡现在。

不要以现在的能力限制对未来的思考。

冷眼 一位总裁30年的行与知

跨年的时间并无两样，只是我们浮躁的心，时不时地经不起撩拨。也许生活的平淡和无奈，才需要人们把时间划成一段一段，既是狂欢，也是祭奠。

今天比昨天，更懂得慈悲与智慧，既精进也禅定；更懂得爱与包容，此我所愿。

历史只顾拍照，无暇摄影。

到历史中去读历史。

历史总被演绎，被演绎的历史演绎着各取所需的演绎。

读史时，情绪不能代表事实，而真正的史实终难窥瘫，最终总难免沦为以立场——也就是被整个民族的情绪——替代了。

曾前往河南浚县谒子贡墓，大土堆于一麦田，踏土带泥而至，县立小石"先贤端木子贡之墓"，再无其他，甚凄陋。县城有子贡广场，杂乱无序，子贡雕像泥污字刻。想此古卫都城，兼有子贡先哲，瑚琏之誉，而仅巨贾身份、外交奇事，于雅于俗皆可用之，何至如此怠慢？鲍子言："会赚钱看本事，会花钱看境界"，由此而见，端木后人既不会赚钱，亦不会花钱矣。长叹！

第二章 悟

孔夫子：大道之行也，天下为公。选贤与能，讲信修睦，故人不独亲其亲，不独子其子；使老有所终，壮有所用，幼有所长，矜寡、孤独、废疾者皆有所养；男有分，女有归。货恶其弃于地也，不必藏于己；力恶其不出于身也，不必为己。是故谋闭而不兴，盗窃乱贼而不作。故外户而不闭，是为大同。

再读《孟子》，突然发现孟子之辩的最大特色是自说自话，别人提的问题最多只是一个引子而已。

要你想要，取你该取。非独孔孟，古今中外典章莫不若此。

学生时读鲁迅需要成年后回味。

当年诵《过秦论》，只知贾谊文采飞扬，卓识深远；数年前往长沙曾拜，叹其际遇；今再观贾谊，始知才宜借力造势、通融个性于目标、善与庸人合作之要义。才高可贺，恃才是祸。

中年捧书非为学，意从书中读自己。

要读，要会读，则用。

鲍鹏山："德行修养到最后，并不是给你一个批评别人的高度，而是给你一个容纳别人的宽度"。深以为然。

有用之用者疾，无用之用者积。

掀开盖子，也许它本不存在。

思维"毋固"，行为"无可无不可"，真君子也。

"坚持就是胜利"。是的，这是真理，但我不知道说这话的人心里是怎么理解这句话的。如果不顾事实一味坚持下去，恐怕"坚持"的归宿就不是"胜利"了。要深入研究、理性分析、通盘筹划、有效行动、适时纠偏，再持之以恒，才有可能胜利。如果坚持了不该坚持的，甚至坚持了错误的东西，比如不好的习惯，怎么可能走向胜利呢？恐怕还是趁早回头好。当然，保持对自己思维和行动的审视，坚持及时发现错误、纠正错误，这种坚持也是坚持。两者合起来再说"坚持就是胜利"就是对的。嗯，"坚持就是胜利"。

初春与友人约

万物且肃杀，寒梅已自发。

友约倥偬里，偷闲探春华。

春讯自可期，香暗也馨雅。

第二章 悟

我自修六度,得失任由他。

月夜

出门一抬头,明月不如钩。
天蓝何夜色?欲语也还休。
廊间清风在,何须楼外楼?
朗朗乾坤照,世事不及愁。

观鱼

欲探池中事,鱼在浅底游。
各在时空里,雨落同知秋。
此心且收放,良知可作舟。
内圣而王外,功成何须求?

时隔多年再游长江

曾忆与学同,搏浪大江中。
敢问少年志,徒羡钓鱼翁。
灵翰飞天从,地阔海也空。
眼高环穹宇,神在行无踪。

冷眼 —一位总裁30年的行与知

拜五祖庭

东山问禅拜,叩心顿渐宗。
纵复樊笼里,一笑一从容。

与友上云台山

久意上云台,四月桃花开。
且抛尘间事,友为诗酒来。

樱

半月不出户,
心念那枝樱。
年年如约在,
可似往日新。
今朝得自由,
急急墙角行。
风暖神气爽,
眼明复逡巡。
花应时来报,
笑我自多情。

第二章 悟

访山中古寺

灵脱六尘外,隐迹云竹天。
古刹传钟鼓,寺法本庄严。
涧泉洗心静,亦下亦向前。
韬光同讲道,儒佛在世间。

垂钓

且学太翁癫,世事放一边。
他日去封神,我愿作蠢仙。

清明回乡祭祖

清水泥路蚕香,慢走细看遥想。
明空心静鹅隐,最喜身在家乡。

月

万丈红尘我望月,红尘何解望月人;
我望红尘似明月,明月终归照红尘。

冷眼 一位总裁 30 年的行与知

公园观众人拍照

长枪短炮一顿扫,细看却为花中鸟。
凝神闭气凭样整,花在鸟飞人散了。

观花被车催

春来无暇顾花,路边偶遇看她,
纵是俗务紧,且停半分差,哈哈。
身囿心宽无涯,时至景明多俏,
再起拾妙语,喇叭震枝丫,喳喳。

梦

南柯游兮幻真,
气出离兮泥云,
懵入毂兮哭笑,
出而驻兮心神,
往来不辍兮人事,
自以有思兮层层,
且顾这身形,
托尔一世生。

第二章 悟

酒醒

酒醒不复眠,窗外鹊声传。
心念且捉放,一退一上前。

有暇当入深山访仙问道会高人趣友,
无事多抬贵颅驰心摇神看蓝天白云。

久未闲坐今偷得,半谈风月半谈天。

蚀骨朽魂风雨后,岂贪残阳梦醒时。

不见西岭千里雪,难觅东吴万里船。

清晖如许光映月,薄霭若此水容天。

第三章 行

第三章 行

阳明心学是"立功"实干之学

中国人受儒释道影响很深,尤以儒学为甚。从孔子、孟子到王阳明,儒学从一定程度上一直主导着国人的行为模式和价值取向,而作为中国自古以来"立功、立德、立言"之杰出代表的王阳明,对当下我们成就一番事业,有着具体而实际的指导意义。阳明心学的"知行合一""致良知"等思想精髓,更是闪耀着无与伦比的智慧光芒。

阳明先生品行高洁,能文能武。他不是一个死读书的书生,他能把"知"(不仅是知识,更是从知识和经历中提炼出的思想)融合到为政、剿匪、平叛等实际中,做成事,这已与孔孟先贤有了很大区别,也超越了人们对所谓"书生"的印象。

多年来,我一边经营管理企业,一边从事企业管理研究,为几十家各类企业做过管理咨询和培训授课,我一直在为现代企业管理寻找一个传统文化的切入点,以形成来源于古典传统的中国人自己的管理理论,并

冷眼 一位总裁 30 年的行与知

相信它一定能被中国企业广泛接纳且促成实效，阳明心学就是这样一个很好的标杆。我提倡的"管理者必须是培训师，培训师必须是管理者"的理念得到了业内广泛赞同，算是"立言"吧；我非常认可德鲁克的"管理的验证是实效"，所有的"知识工作者"都应该运用其知识成就一种正义的事业，这样的知识才真正有力量，即"立功"；而我推崇的"管理者首先要自我管理、自我修炼"（即"立德"）与王阳明的一生德行也很契合。

下面，我想把学习阳明心学的过程和一些感受与大家分享一下。

要了解一个古人和他的思想，首选自然要去读他的书。了解王阳明，自然要读《传习录》了，但古文功底尚可的我却读不懂。只好回头，由浅入深，先从了解他的生平开始，读传记。最开始我选的是日本武田冈彦的《王阳明大传》，这是一个比较通俗的版本，虽然后来有了比较之后知道它有点杂，它把人物生平、灵异传说和思想轨迹统统记录在案，甚至还有迷信拔高之嫌，但以其通俗平易，对初学者我还是愿意推荐读它。

第三章 行

后来我又分别读了王觉仁的《王阳明心学》、吕峥的《明朝一哥王阳明》、郦波的《五百年来王阳明》、度阴山的《知行合一王阳明》,最后啃学术味最浓的束景南教授的《阳明大传》,有时几个版本的阳明传记相互映照来读,别有一番乐趣。

有了一定了解之后,再来读《传习录》,这是必过的关口。第一遍,生吞活剥地把全书啃完,查字典扫除生字,先把大概意思搞清楚,并在有所感悟的句子下划上记号,有时还写上批注,不理解的部分做上标记先放一边。第二遍,把有生僻字的和有所悟的部分再读一遍,看看字是否还认识,看看所悟的部分有没有变化,顺便将之前之后有关联的语句再看了一遍。第三遍就重点攻关了,那些不能理解的部分到底在说些什么呢?这一遍读得苦,也最快乐,收获也最大,有时一天只能读一两句,查资料找参考,慢慢想慢慢悟,此时绝不图快,但一定要每日坚持,一日不辍,只要每日有所精进就好。

简单地理解"知行合一",无非是:知道了某种学问(知识),还要去实际行动,知道之后还要去做。貌

冷眼 一位总裁 30 年的行与知

似很有道理,后来才知道,所谓"知行合一"的真实含义是:"知"和"行"本就是一回事,不是并列关系,更没有先后关系,而是二位一体,"如恶恶臭,如好好色","知是行之始,行是知之成","知而未行,只是未知",如果你不能做到,说明你根本就不知道啊!而且此"知"不仅是"知识、知道",更是"良知",依良知而行。

　　我是带着目的、带着问题读的,参照人生感悟和企业管理工作中每天发生的各类实际事务(大事小事道理都一样)去理解,自感是一个蛮好的路径,既加深文意理解,又透析现实问题:"圣人处此,更当若何?"是一个很好的思考问题的通路。

　　《传习录》中多为阳明先生与弟子的对话实录,因为他们都饱读诗书,尤其是先生承脉儒家,门生弟子对儒家经典自是了然于胸,甚至可以倒背如流,他们的对话也大都是对"四书"的问答讲解,引用原典随口拈来,他们之间自是知道的,而我们不熟读"四书"者看《传习录》中的讨论,却不知话题从何而来。我初读时也有此困惑,它促使我下定决心去读"四书",

第三章 行

只有通读了"四书"才知道阳明先生和弟子们在说什么啊！所以说，阳明心学又引领我系统地进入了儒家原典。我花大力气把"四书"反复通读了多遍，尤其是《论语》《孟子》，更是作为枕边书读，每日必翻几页，反复诵读，尤喜《孟子》，因为相比于《论语》的温文尔雅，《孟子》所展现出来的大丈夫气概，"虽千万人吾往矣"的豪迈坚持，正是我当下服务的企业所需要的。这种读书方式也正契合"知行合一"的真义，一是读书本身要结合实际，不能读死书；再者，检验是否把书读通了，就看是否在实践中运用。

如《传习录》中多次提到的"未发之中"，初看根本不知何意，后来才知此语出自《中庸》，"喜怒哀乐之未发谓之中，发而皆中节谓之和"，大白话意思就是告诉我们情绪情感不能影响对事物的看法，也不影响我们表达对事物看法的方式，中正平和。这需要修炼而得，但其实它本来就是我们的本性，"天命谓之性，率性谓之道"，因为后天的欲望与无明，致使我们丧失了本自具有的天性，要靠修炼重新拾得。它上承《尚书》"允执厥中"之"中"，往下则对应著名的阳明四句偈之"无善无恶心之体",实际上就是教会我们摈弃杂念,看清事情的本来面目,看本质,这哪里有半点所谓唯心主义?或者说,阳明"唯心"实际上是最深刻、最本质的"唯物"啊!

读了"四书",再读《传习录》就容易多了,此时就像参与了阳明先生与弟子们的讨论,看到阳明诸弟子提出的问题并不急着往下看,先自己想想,再与先生宏论相比较,就明白差距在哪里了。我经常是"四书"与《传习录》《<大学>问》同时翻阅,对照同步阅读,颇有所得。

阳明先生是大儒家,他的话题中有许多关于儒家传承的论述,自然引导我去全方位系统了解中国儒家的发展脉络,从孔子、曾子到子思、孟子,再到董仲舒、韩愈、柳宗元、周敦颐、二程、朱熹,再到陆象山、王阳明,一一梳理了解他们的思想,正好也有条件请教很多知名专家,如鲍鹏山先生等本来就是我的好朋友。我还专门制作了一个PPT课件,系统讲解了儒家从孔子到王阳明的发展脉络,居然得到了认可,讲了十几场,也受邀在弘道学社分享过,均得到较好的反馈。

第三章 行

同时，因为阳明先生先佛、道而儒，我也在自思自悟（悟性很重要，中国传统文化古典哲学中很多理论不一定能从逻辑上说得通，需要用悟性去连接，这一点我一直自觉尚可）中发现很多道理，儒、释、道是相通的，这也促使我去读一些道家、佛家的经典。道家自然是《道德经》了，佛家我则选读了《心经》《六祖坛经》等。为了系统了解佛学渊源，我还看了大部头的《佛陀传》，《心经》更是每日背诵用以开智自醒。

读万卷书还要行万里路。这几年，我利用讲学、出差的机会，几乎走遍了阳明先生平生所到之处，从余姚到绍兴，从贵州龙场到江西、福建、广西等先生主要活动之地，遍访先生足迹，清明祭扫墓地，感受先生来源于实践的"百死千回"之学，收益良多。

更重要的，正如阳明心学之精髓"知行合一""致良知"，学习阳明心学也要秉承此永恒精神。五年来，我将阳明心学及传统文化的研读与日常生活工作尤其是企业管理实践和研究紧密结合，将每天发生的诸多企业管理实务作为体悟的教材，时时省察，务求精进，"日有养、瞬有存"，解决了很多实际问题，管理理念也有新突破，尤其在企业领导力方面，感觉有了一个总纲。我开发的"领导就是修行""从传统智慧中汲取智慧""阳明心学与企业管理"等课程深受欢迎，也引领和带动了一批企业管理者拓展心性智慧，不但解决企业问题，还能在丰富心灵、提高生活品质和生命质量上有大的飞跃，想来很是欣慰。

我想，阳明心学是行动哲学，学习阳明心学也要在行动上同步，从这个角度上讲阳明先生已超越孔孟，这也是阳明先生能在"立德、立言"的同时还能"立功"的原因，阳明心学改变了人们对"学问"的认知，扭转了"百无一用是书生"的陋知浅见和自怨自叹，与德鲁克所称"知识工作者"管理企业殊途同归。在此处，他们实现了很好的融合，而阳明先生的心学智慧又显然比德鲁克要深刻而广泛得多。

因阳明先生终生自认承谒儒家，他的论述均为立足实际（包括先儒立论的当时实际和后辈解读的现实实际）对儒家经典的解释阐发。我在潜心研读阳明心学时自然对儒家经典也有了新的紧紧贴合现实的读法。这种读法让我对儒家经典有了认知上的巨大飞跃，更

第三章　行

加慨叹祖宗先贤的伟大智慧，对那些没读过几句儒家原典却敢嗤之以无用、拒之以迂腐者（这类人还不少、原因也很复杂）的可怜、可叹、可惜尤甚。

古文典籍是高度凝练的文字表达，现代人读来往往觉得空而无物，尤其是在近百年白话文语境中浸染的人们，更无法领略传统经典的无穷魅力。其实，先哲思想都是与大自然亲密互动的产物，是经过智慧提炼的质朴淳厚、实而又实的至真至理，既要领会古人先贤"开端即巅峰"的至高境界，要能"上天"，也要能结合实际活学活用解决现实问题，要能"落地"，读书也需要智慧阅读、联系实际地读、万物互联地读。

我常想：阳明心学何其巍乎其大！佛学有"六度"小船：布施、持戒、忍辱、精进、禅定、般若，告诉我们如何才能砥砺修行、到达智慧彼岸，而阳明心学正是这划船之桨，给我们前行的动力、实而又实的能量加持。

改变工作模式

各个岗位的工作，不能只单纯当个"事"来做，尤其是人力资源工作，"事"的后面永远有"人"、有"理"在。"人"就是人文关怀，就是企业文化。要重视员工的感受，要通过处理"事"传递价值观；"理"就是规律、合理性，要在处理一件件"事"的过程中摸索规律，探索合理性，以提高效率，提高能力，包括个人能力和组织能力。

一项工作，一件具体的"事"，干完了，处理好了，如果到此就结束了，这顶多只能打60分。

应该怎样去工作呢？建议大家改变工作模式，按以下四个要求去做。

（一）要研究性地去工作

各岗位员工要专注于自己的专业，在本职专业上持续不断地学习和提升。专业考级、提升学历是一种

第三章 行

途径，因为学习早已是一辈子的事。更重要的是要在工作中学习，向上司、同事、下属学习，向哪怕只有一点比你强的任何人学习，不要顾及面子，要放低身段，勇于请教，善于请教。要学会追根究底，不要马马虎虎、浅尝辄止，这需要有强烈的责任心和对成就感的追求。

事情办成了还不算，还要思考为什么要做这件事情、目的是什么、达到目的了吗？还有没有更好的方式方法？如果说原来工作只是为了完成任务，那现在要更加注意细节和各环节、流程，研究是不是合理、高效。要培养利他思维，通过专业的智慧和勤奋的思考去弥补企业发展过程中个人和团队必有的不足，更好地支持部门和领导、同事的工作。

作为领导，要在组织中致力于形成研究性工作的氛围，鼓励这样的员工，把"完成任务"当作最低线而不是高线，并让团队在此过程中体验成长的快乐。

（二）要改善性地去工作

要善于在工作中发现问题。没完成的要完成，已完成的要做好，做得好的还要做得更好。有了这样的

冷眼 一位总裁 30 年的行与知

思维就会发现很多问题，而不会局限于"我已经很努力了""交代的事我完成了"，而是觉得永远有再提高的空间。每天都有目标，活力满满。

精益求精、持续改善的要求是由企业的本质决定的，企业的本质是什么？竞争！只有在竞争中胜出才有活着的机会，而对手、同行都在不断进步，只有永不停止地改进才是生存之道。当然，还要在过程中发现乐趣，不然就太苦了。什么乐趣？成长的乐趣。每个人都要有这种领悟，团队也要营造这种氛围，走心过脑。

善于发现问题，还要善于做改进。有些问题，在职责范围内就可以修正，要重视日常工作中一点一滴的小改进，不要以为是小事，积累起来就是大的改变，这也是对自己成就感的鼓励。有些较大的问题、超出职责权限的问题，也要积极去思考、研究，不要觉得跟自己无关，发现了问题就去分析，可以向上级提出改进建议。

组织要把每个人对工作的改进（包括建议和效果）纳入评价体系，而不仅看是否完成任务，具体的方法和推进步骤都可以探讨。

如果每天都能做一两个哪怕很小的改进，那也很了不起。不要畏惧，不要担心，更不要麻木，每天进步一点点。

（三）要全面性地去工作

在做好本岗位工作的同时，需要去了解和学习相关岗位的工作内容。"相关岗位"如：①流程的上下游；②业务相关联；③并列的同事岗位等。

你个人的工作也许只是业务链条中的一个环节，但要尽量了解业务全流程，这样才能做好本职工作，也能很好地帮助同事，"不谋全局者不足谋一域"。

不要对相邻同事的工作"事不关己，高高挂起"，更不要有"我的事你不要过问"的壁垒思想，要开放信息，多横向沟通讨论，岗位之间如此，部门之间亦如此。借鉴众人的智慧和经验，形成整体活力和学习氛围，彼此砥砺前行，并在这一过程中形成坦诚开放、友好愉悦的同事关系和团队氛围。

要全面性地去工作，个人要努力，领导和组织也要在机制上提供支持,如设立 AB 角、轮岗制、交叉学习、业务交流会等,这都是很好的形式。

HR 要努力成为复合型人才,了解专业,熟悉业务,为各部门赋能,提供到位的、强有力的、卓有成效的支持。

(四)要引领性地去工作

总部工作的特点是综合性管理,HR 工作更是如此,涉及每个员工、方方面面,要求很高。

我们不能只是做事情,还要通过对各项工作的处理,让各个部门及全体员工感知到我们的态度、温度及我们处理事情的原则和要求,以此引领文化走向、塑造团队价值观。

这就要求有以下方面。

(1)对每项工作的初衷、目的和意义有深刻的了解,知道历史沿革的来龙去脉,为什么有这个要求,为什么这么做,想达到什么目的。

(2)明确目的、意义之后,要有办法、有方法进行传递,要在处理事情的过程中贯穿其中;要有明确

第三章 行

的倾向性表达,即肯定什么、奖励什么、不鼓励什么、不支持什么,甚至是否定什么,都要旗帜鲜明、引领风气。我经常说:"领导以说话为职业,以评价为手段"。一是通过对日常工作的即时评价引领方向,二是要有一定的组织机制传递信息,如编发信息通报、会议纪要、发布工作落实情况、公布某项工作的评比排名等。

这就要求我们做到以下三点。

第一,要客观公正,敢于评价,尤其是批评(好的批评也是激励,叫"负激励"),要勇于亮出自己的观点,错了可以改嘛。

第二,要成为本专业领域的专家,要深入研究工作,要过程管理、调查事实,不然你的评价老是出错,威信受损,就很难开展工作。

第三,再就是要以身作则,成为表率,自我要求要严,"其身正,不令而行;其身不正,有令不从"。

我们现在有一个很大的问题,就是发布的要求得不到重视,执行力不强,一件简单的事情也要一催再催、反复提醒,造成很大消耗。其重要原因就是我们对自己的要求没有做到闭环,做了的、没做的、做得

冷眼 一位总裁30年的行与知

好的、做得不好的，也都这样，那人家为什么要去做并且做好呢？人都有惰性，要用组织的力量拉着员工一起往上走、往优秀的地方走，其中一个方法就是"评价"，表扬好的，鞭策差的，日常评价要做到基本正确，汇总起来就是月度、季度、年度评价，这要有一整套制度、细则，HR要把它建立起来，否则季度考核、年度评优等就只能凭印象、凭感觉，公正性得不到保证，引领性就谈不上。

以上说的四点是相互关联、相互渗透的，比如，只有了解全面性的工作才能有很好的角度和切入点去研究，研究透了才知道哪些地方需要改善，带领团队研究改善的过程就是一种引领，等等。当然，具体的事情、特定的某个时刻、某个对象可能重点在某一项，这也是正常的。

第三章 行

发挥潜能,不断学习,取得成就

(一)意识与潜意识,显能与潜能

意识也叫"有意识",是人们主动集中注意力的过程。意识具有目的性,我们刚开始认识世界都带有一定的目的,并通过计划、行动去实现。潜意识是意识成熟后储藏在大脑中的经验、习惯等,有些太熟悉的事情成为潜意识后甚至连自己都察觉不到,但它却实实在在地发挥着作用。比如,我们刚开始学习骑自行车,那就是用意识在工作,我们必须调动所有注意力做好各个动作,这时学习的效率是最高的,每时每刻都在进步;但当我们学会了骑车自行,就进入潜意识状态了,我们并不需要在每次骑车时像刚学时那样集中注意力了,甚至还可以边骑车、边聊天、边唱歌等,这时的学习效能是最低的,几乎再没有太大的进步,除非再集中注意力,刻苦训练成杂技运动员,那就又要调动有意识甚至超意识了,显然大部分人是不这么干的。

90%的时候,我们都在运用潜意识生活和工作,经验、习惯、舒适圈都在潜意识里，我们只管去运用它就好，这时候人很轻松，但学习提升几乎停滞。作为新员工，我们都有一定的经验和能力（这叫"显能"），这种能力是学校学习来的或过往工作经验得来的，不然你不会通过面试而被聘用。但实际工作是不断变化的，因为社会的变化很快，对企业经营管理的要求越来越高，企业对每个员工的要求也会提高，有时仅凭以前的经验已经应对不了工作要求，光用"潜意识"不够了，就需要再次调动意识，全神贯注地去研究学习，挖掘"潜能"——蕴藏的还没开发出来的能力。每个人都有巨大的连自己都无法估量的潜能，需要不断调动"意识"去学习、挖掘。大家要跳出"舒适圈"，不要停止提升的步伐。

潜意识可以帮助你成为一个正常的人，却无法让你成为一个优秀的人。人的脑容量一般在1400毫升左右，但终其一生只使用了脑容量的1%。从这个角度来说，我们的潜能是无限的。相信我们每个人都能通过不断学习挖掘潜能，让自己变得更优秀。

第三章 行

（二）持续不断学习和改变

主动性是一个追求进步的人的重要素养，反之就叫"被动""躺平"。主动就是调动意识，结识新朋友，学习新东西，解决新问题。何况作为新员工，我们本来就需要学习很多知识，首先要尽快在具体岗位业务上让自己变成熟手。

学然后知不足，我们要不断去学习，在工作和岗位实践中持续锻炼能力和打磨心性。作为新员工，应聘上岗只是第一步，此前的应聘面试通过只能说明你有干好工作的基本条件和可能性，真正干好工作还需要不断学习，而工作本身就是最好的学习。学习早就是终生的了，学无止境，大家一定不要那么快的进入"潜意识"状态。

只有通过不断学习才能积累经验，这些经验是人生道路上的宝贵财富。但也需在运用经验时警惕经验，因为经验本身是过去习得的，需要不断更新升级，不断更新经验和提升能力才能在职场上走得更远、更好。

一定不要停止学习和改变，坚持下去，要把学习和改变变成习惯。还要从中找到乐趣，不然学习就成了"苦"事，"苦"事是干不长久的。这个乐趣是从哪里来的呢？就是"成长""成就感"，当然还有同事、领导、组织的认可、鼓励、表彰等。"成长"的乐趣是"自燃型"的，它是长久地自我驱动力，不需要外力就能维持很久。

（三）成就 = 思维 × 热情 × 能力

这个公式是由日本著名企业家稻盛和夫提出的。能力固然重要，研究、学习、解决问题的热情更重要，但更重要的是培养正确的思维方式。任何事情折射出来的意义都是多维度的，你从哪个角度来看待这件事情呢？积极的还是消极的、正向的还是负向的、乐观的还是悲观的。

任何行动都是思维牵引下的行动，一个人的思维方式会对人生造成巨大的影响。比如，在工作中遇到一个困难或问题，积极思维者会想：嗯，有问题是正常的，我要想办法解决问题，这样工作任务完成了我

第三章 行

的能力也增长了;消极的人会怎么想呢?哎呀怎么老是这么多问题,我怎么解决得了啊!毫无疑问,积极思维者更有可能解决问题。著名心理学家班杜拉提出了"自我效能信念",主要讲"你觉得自己行,就一定行",讲的就是思维的力量。

而且,请注意思维、热情、能力之间是乘号(×)而不是加号(+),如果思维不到位甚至是反方向的,再大的能力与热情都没有用。

下面几种思维很重要。

(1)停止抱怨。抱怨是最无用的东西,只会消耗能量,于事无补。与其抱怨,不如努力从改变自身做起,从能做的做起。

(2)最好的就在当下。自己喜欢干的事情正好是挣钱养家的工作,这概率很小,最好的方法就是把眼下正在干的事情变成自己喜爱的工作。与其盲目地寻找,不如把当下的工作做好。

(3)快坚持不住的时候,往往正是接近成功的时候。遇到困难时,再多坚持一会儿。也许你所在的团队甚至你的上司都还有这样那样的问题,一方面你的判断是否准确这需要实践来检验,另一方面问题正是机会。解决了问题,能力提升,得到肯定,自然收获更多。

第三章 行

做真正的领导者

这篇文章有很强的针对性,它既是普遍意义的管理常识,也是对目前公司管理问题的分析和应对措施,欢迎对号入座。

管理的来源是实践,管理的去处是实效,总之是"实"的,读这篇文章也要"实"读,要自我对照。

我认为我们存在的问题,很大程度上来源于管理者对以下概念的模糊甚至错误认识,要有所改变、正本清源,方能成为一个合格管理者。

(一)"两级管理"

所谓"两级管理",即管理者必须将管理触角延伸往下至少两级,而不只管理到直接下属一级。也就是说,你不但要对直接下属的工作情况(工作内容、方法、职责、业绩、能力、思维、个性、经历、优缺点等)非常清楚,还要对下属的下属的相关情况非常清楚,团队稍大时则至少要对直接下属和他们的主要下属的情况非常清楚。如果下面还有层级，有必要（这是另外一个话题）的话还要直插到底，直到把问题全部弄清楚。

这样做有几个好处。

（1）你对团队的整体业务和人员状况是清楚的；有助于帮助你增强领导的角色感；总是从全局看问题。

（2）便于你指导下属开展工作，及时纠正错误，因为你懂你知道。

（3）减少对下属的依赖，他们无法"糊弄"你，你也不怕严格管理造成下属"怠工"。

（4）形成对直接下属的直接督促，让他们不敢懈怠。

（5）有助于形成人才梯队，员工成长有路径也有机会，增强团队凝聚力，因为即使不是你的直接下属也在你的视线里。

有人说"我很忙"，哪有时间管到那么多？这正是问题症结所在。我们很多领导者习惯的思维是：我有我的事，下属有下属的事，请他来就是把某一摊子事交给他的，那就是他的事，怎么还要我来管？那还要

第三章 行

他干什么？领导既是一个岗位还是一个职位，岗位就是你自己要做的事，职位上要做的就是关注下属的工作、关心他们的成长、明确标准、提高要求（这里读"提'高要求'"），帮助下属不断进步。下属要为他的职责负责，但你要帮助他更好地负责，你要了解他的工作，这不能偷懒。如果你不去这么做，你只会越来越瞎忙。只说两点。第一，你要先把两级下属的事全搞清楚，然后慢慢退出，以后只对关键和有变化的事项保持关注和更新即可，你保持"我什么都知道"的状态，而培养你的直接下属去为他的职责负责。刚开始会占用一些时间，以后则会越来越帮你解脱出来。第二，领导的首要职责永远是调动和激发组织及组织中人的活力。要相信员工的潜力，同时给予训练。领导者如果沉溺于太多的具体事务中，一定是不正常的。称得上"总经理"的，具体需要你亲手去做的事决不能超过50%（最好30%）工作量，当然这可以有个过程，慢慢规范。

（二）基于职责

职责被说得过多，以至于在实际工作中经常被忘记，反而被情绪和所谓的个性取代。

牢记：我们所有的工作行为都是基于组织赋予的职责而不是其他的什么鬼东西，自己是这样，他人也是这样。这个立足点站稳了，好多问题就可以解决，消耗就可以消除。"基于职责"决定了组织中基本的相处风格和交流模式，这对于团队是非常重要的。

我这里想说的主要是以下几个方面。

（1）牢记自己的本职工作，任何时候都清楚自己是来干啥的。清晰自己的目标，不因任何原因而在目标未达成之前先行撤退，不找任何借口。

（2）为了履行职责、达成目标，要勇于和善于"破墙"，打破部门、岗位界限，要有说服牵引、合作共生的能力，要自觉地把自己的职责置于整体目标之下，推动不属于自己直接管辖区域人员一起为目标负责。自己负责的事，即使别人不配合，也是自己的事，因为"如何让别人配合"也是你职责内的事，而不是"他又不归我管，我有什么办法？"

（3）组织中大家都能接受自己和对方是基于职责的行为，这就为消除歧义、协同作战创造了条件。并不是每个组织的岗位职责都那么清晰，何况事物总是在发展过程中的。我经常给的建议是：如果这事有人负责，你就配合；如果这事没人负责，你就去负责。

事实上，"管"不好别人的人一定也管不好自己。只做自己的事，一定做不好自己的事。万物互联，现在哪里还有只凭一己之力就可以干好的事呢？沟通、协调、牵引、推进，早已成为管理者必备之功，也是真正履责的前提。

（三）教练文化

在快速发展的今天，迭代学习能力是最重要的一种能力，学习型组织是最有吸引力的组织，因为学习是直接指向人的成长的，谁都要对自己的成长负责。组织行为要激发绝大部分成员对自己的成长负责。当然，极少数总是不以为然者应该是组织要清除的对象。

教练区别于教师的，就是不但要"教"，而且还要"练"，就是要手把手地教，直到他比你还熟练。教练文化就是要把组织带到一个相互学习、每天成长的环境之中，让员工每天都处在进步的欣喜之中，把工作

冷眼 一位总裁 30 年的行与知

当学习，在工作中学习，而工作中的问题就是很好的教材，用成长和进步来抵御无聊的重复和对薪酬永无满足的事实。

这里我还要特别说一下：要把薪酬当杠杆，而不要当工具，更不要当救生圈。

具体说来：①上司是下属的教练；②老员工是新员工的教练；③有一技之长者是暂时不具备此能力者的教练。

培训他人，提升自己。管理者要有爱心，要真正把员工的成长挂在心上，在做事中成就他们，不断提出更高的要求并有能力让他们愉快接受，而不只是把他们当人手来做事甚至只是成事的工具。向他们开放思想和思考过程，帮助他们，和他们携手一起进步，让员工感受到管理者对成长的关心。整个组织都沉浸在相互提携、相互砥砺、彼此成就的氛围之中。

面对用人部门对招聘质量的抱怨（招聘不及时、招来的人不好用之类），除了正常讨论如何改进工作之外，我还常常说这句"武断"的话：哪有那么多好用的人？好用的人都是自己培养出来的！像教练一样去爱他们、教他们，员工才会变得好用，稳定性也强，招聘量会下降。人力资源部门的招聘从容有节奏，招聘质量才高，要良性循环起来。

（四）领导艺术

做领导真的要"软硬兼施"，具体来说有以下几方面。

（1）原则是刚性的，明确告知底线，谁都不可触碰；关怀是柔性的，要找准表达关怀的点，恰到好处地把握平衡，给到该给的空间。不要把基于职责的上下级关系搞成公不公、私不私的含糊混乱、搅和不清的关系。不要让下属爱你，也不要让下属恨你，要在两者之间找到那种被尊重的感觉。

（2）KPI、考核、绩效是必须的（当然，KPI本身即是双刃剑，也可以根据大目标做出必要的调整），但愉悦感、成长和未来更是需要的，不可偏颇。

（3）特别提一点，要有领导非下属的能力，不能碰到其他部门的员工就歇菜，看问题要有高度，看人要透，要相信人的本能的善（把工作搞好）并去挖掘

冷眼 一位总裁 30 年的行与知

激发,坦诚正直的领导风格和声誉也会帮你不少。

要主动把本职工作放到为整体目标服务的过程当中去,寻找共同点,思考如何推进,一起为结果负责。因为如果不这样的话,各人只管自己那一段,遇到与己无关的事,推诿则是不可避免的。领导要把下属拉到"全局"中去,当然首先要确保自己是处在"全局"当中。

面对经常被挂在口中的"部门"和"专业",实在是一件很头痛的事。"我是某部门的,我只为某某负责","我是某个专业的",这样的话听起来都没有错,但作为领导真的要小心这样的表述,这背后意味着对整体的割裂和对总目标的忽视,意味着除了你没有人会关心总目标,每个人都只做手头的那一段并且自以为履行了职责,最后出现问题了谁也不认为是自己的错,作为领导你要么疲于奔命把他们捏在一起,要么浑然不觉放弃了总目标,甚至自己在更大的整体中也是如此表现,这真是很可怕。

我是采购科的,干吗要了解生产过程?人力和财务干吗要了解业务?我是销售科的,为什么要去了解

第三章 行

研发？为什么要去做绩效，那不是人力资源该干的吗？我学的不是这个专业，这种事我不必知道。同样的，我的专业你不懂，你也别来对我指手画脚……这些都是要不得的。要让不同专业、不同部门的人一起交流，创造机会让他们更懂得对方，早会、晚会、分享会、学习会、工作会、漫谈会，不光就事论事，还要就事论理，说需求和感受、欣喜和困惑，鼓励真诚和简单直接，这是非常必要的，不然看起来是一个组织，其实只是一堆人坐在一起而已。两耳不闻他人事，形成不了合力，就不是组织，那是"乌合之众"。

同级领导之间的相互信任和支持非常重要，不要忌讳对方与我下属的沟通，要把它看作是对我的帮助并充满感激。

（五）面对错误

错误这个东西很是让人难以捉摸。我们都明白自己不是圣人（其实圣贤也有过错，所谓"过而能改，君子也"），我们都会犯错，但实际工作中我们都会幻想自己是完美主义者，"我不会错、我没有错"，或受幻想完美主义和面子意识支配，受不了别人说我的错，犯了错误死不承认，甚至想办法遮掩错误，这都是人性的弱点，其表现强弱程度还跟家庭教育、幼时经历、成长历程、性格特点等多种因素有关，这里就不去分析了。作为领导者要懂得人性、懂得各种人性弱点的来历，真真切切地看清自己身上的人性弱点，自觉去克服，也帮助员工克服。

既然人人都会犯错，我相信大大方方地承认是无损于自身形象的，犯错就认错，这是第一句话，"我犯了一个错误"甚至应成为我们的一个口头禅。第二句：认错就改错。有的人总是认错，就是不改，这也很麻烦。第三句：尽量不犯错。尽管犯错难免，但这并不能成为我们经常犯错的借口，我们还是要通过不断学习和组织的力量，尽量避免犯错，因为犯错总归是有成本的。第四句：不犯同样的错。这次错了，好，我记住了教训，下次不再重犯，"君子不二过"。若能举一反三，吸取教训，今后能避免犯一大堆类似的重复性错误，那也值了。

作为领导者，我们并不仅是在这里了解犯错的机理和自身对待错误的正确态度,我们更要在团队中宣导这种对错误的认知。

(1)让大家知道所有人都会犯错,犯错并不可怕,关键的是如何来看待错误。

(2)亲身示范,在团队中创造面对错误的"轻松"态度,不要过于绷紧,似乎犯错是一件不可饶恕、颜面尽失的事,更不能因犯了一个错误而全盘否定一个人。

(3)勇于检讨自身错误,以此作为进步的阶梯之一,所谓从错误中学习。

(4)欢迎同事帮助发现错误,并不以此为"挑刺""和我过不去""对我有看法",双方都以此为最大的善意。

(5)要组织一定的形式(检讨会、纠错会、感恩会等)专门研究错误,指出来,怎么纠正,大家能从中学习到什么,挖掘错误的价值。

(6)在此过程中增进团队友谊,创造良好氛围,形成轻松的、互帮互学的环境,打造团队。

说到这里,王阳明的"立志、勤学、改过、责善"总会浮现我面前,这实在是"醒世恒言"。"立志"就是我们的战略目标,"勤学、改过"自不必言,而"责

"善"就是要团队成员之间坦诚相处，发自善意内心的直接指出别人的错误和真诚接受别人的指正，所以我常讲作为领导者要"极度开放、极度透明、极度求真"，也是此意。

（六）认识资源

在一个组织中，职位代表着资源，职位越高代表掌握的资源越多。

领导者首先要对自己可调用的资源有充分的认知，主要是防止认知不足，比如，要认知到员工的"显能"还要认知到员工的"潜能"，认知到所属辖区的资源还要认知到整个团队通过一定形式可被调用的资源等，认知充足才会在需要时调用。其次，要认知到资源永远是不足的，不能等到所有条件充足时才干事，而要在干事的过程中充分调配、激发资源高效利用，坚定目标，快速行动，在过程中调整完善。最后领导者还要认识到分配资源会有不公，公平本身就是相对的，或者说只是你认为的不公，充分交流是可以的，但不能因此而影响行动效率和目标达成。

第三章 行

如果我们的员工都能像领导那样使用公司的资源，大家都有能力解决面临的问题，那效率不就大大提高了吗？如何让员工拥有资源呢？让领导成为员工的资源！员工如果能"调用"领导，不就相当于拥有了领导拥有的资源吗？所以我们要在这里给领导一个定位：成为员工的资源。要保证、鼓励你的下属在遇到困难的时候，能第一个想到你，他相信你一定能支持、帮助他解决问题。

这是一个自上而下、自下而上的双向循环。一方面，每个岗位的员工都是拥有一定资源的，这个资源一般来讲是与其职责相匹配的，员工应该运用这些资源解决面临的问题、完成工作任务，领导也要通过培训等强化员工的这种能力；另一方面，当员工能力、资源不足时，领导一定要及时出现提供支持，让自己成为员工的资源，帮助员工取得成功，并在此过程中提升其能力，拥有承担更大责任的潜能。

（七）职业素养

这真是一个很容易被说空的概念，貌似看不见摸

冷眼 一位总裁30年的行与知

不着,但它就是每时每刻、实实在在、随时随地都看得见摸得着的,开会看手机、与下属交流时心不在焉、在公众面前说些不合时宜的话、因为自己是领导就总以为可以随意破坏规矩、不守时、工作短信邮件不及时回复、办公桌面乱七八糟、对不合理现象不闻不问或选择性"执法",等等,微小的细节无时不在暴露你的素质,这些细节又无时不在"涟漪效应"的作用下向同事、下属扩散并被仿效,个人形象受损倒在其次,关键是公信力(这是领导者最值得珍惜的)会因此大打折扣。当你的指令总是得不到有力执行、你振臂一呼而应者寥寥时,你还不知道问题出在哪里,因为人们不认可你这个人,那么对你发出的指令也就不执行或打折扣执行了,可想而知团队怎么能好得起来。

我们不能说团队不好全是领导素养的问题,但领导的良好职业素养、以身作则,一定是为打造好团队加分的。我常说:如果有一个制度而不执行,还不如没有制度。因为有制度不执行等于在给员工传递一个信号:领导说的和公司制度都是可有可无、可执行可不执行的,这样的思维危害该有多大!严格按照制度

第三章 行

办事，就是最大的职业素养。

德鲁克说：领导者首要的就是自我管理。把自己管好，再去影响他人。

当然，职业素养不仅仅是表现在具体细节上，大度、包容、严谨、闭环、善意、简洁、责任、付出、真诚、学习、改变，从善如流，永远追求实效，永不满足地追求效率，永不停止地对下属、对自己、对团队提出高标准要求，这些品质都是领导者必不可少的职业素养。

领导永远有大局观，永远把自己、本部门放在整体大局中去思考，为此而收敛个性、反省自己思考问题的角度，自觉调整向整体大局靠拢。反向来讲，我对下属的一个要求就是"站在上司的角度思考"。

我觉得领导者还应有的一个重要职业素养是：既宏观又微观，既战略又战术。这也是管理界和企业界长期争论的问题，一个领导者究竟是管战略、管大事还是管执行管细节呢？据我的长期观察，卓越领导者一定是既宏观又微观，既管大事也管细节的，只不过他会在不同的时期和不同的情况下有所侧重，会选准切入的点和善于合理分配精力而已。他懂得运用影响力，知道何时该"抓大放小"，何时该"小题大作"，这也是另外一个需要单独展开讲的话题，在此只说三点。

（1）两者不矛盾，若娴熟运用是可以两者兼顾、左右逢源的。

（2）很多人局限于自己的认知和习惯，或曾有在某个特定环境下所谓成功的经验，就死抱住不放，造成迷惑。

（3）各类只强调某一方面的说法，如果不是错误，那也一定是"说者嘴巴只一张，听者耳朵有两只"，千万不要听偏了。

（八）对上管理，对下负责

日常一说到"管理"，大概率是说上对下的管理，而"负责"则多指下对上的负责，这都没错，但我这里要特别强调的是要有管理上司的能力和要有对下属负责的意识。

管理上司。

（1）要了解你的上司，包括性格特征、处事风格、思维习惯、关注点等，综合立体客观平实地去了解，不要偏颇，更不要偏激。

（2）学习上司的长处，信任、尊重、服从和维护上司。

（3）站在上司的角度考虑问题。这点我常讲。

（4）自觉补位，填充上司的疏漏。

（5）善于沟通，及时掌握上司的思想、清楚上司的要求，在合适的时候以合适的方式提出建议。

（6）真实坦诚一心为公，赢得信任。

（7）闭环，"做成事"而不是"做了事"，业绩永远是对上司最好的支持。

对下负责：对下属的成长负责。我常讲，如果一个下属在你手下干了一年两年三年甚至更长，而他没有任何进步（思维改进了、能力提升了，当然也包括加薪、晋级了，等等），领导是有罪过的。所以，管理者对下属既要管事也要管人，既要管结果也要管过程，既要管行为也要管思维，既要管工作也要管生活，既要管现在也要管未来，既要管成功也要管成长，既要管大

冷眼 一位总裁 30 年的行与知

的基本面也要管行为习惯和具体细节，要拿出全部的爱心去对待你的下属，给压力也给动力，引领进步，关心他的成长，此为对下负责。

就说这些吧，言不及义，挂一漏万，甚至错误在所难免，大家各自感悟。

洗脑·有效劳动·挖掘潜能

（一）洗脑

很多人一听到洗脑就很反感，这本身就是被洗脑的结果。我认为人的大脑恰恰是最需要经常被"洗"的，因为我们的脑中有很多渣滓——过时的、不正确的观念等，导致的是思想僵化、按潜意识和习惯性的所谓经验办事，需要时时清洗。我们要改变错误的认知和看法，要能够包容并吸收新的东西。我们不是要被别人洗脑，而是自己给自己洗脑，实际上就是自我反思。"吾日三省吾身"，我们要保持每天反省总结的习惯，"苟日新，日日新，又日新"，每天都跟昨天不一样，每天都是全新的自己，每天都在进步，这样才能工作轻松高效，生命愉悦而有质量。

（二）有效劳动

我们很多的劳动是无效劳动，看起来在工作在忙，其实没有创造价值。按丰田管理理论来说，我们可能

冷眼 一位总裁 30 年的行与知

有 90% 的工作是无效的，大家不要惊讶，我是亲自体验过的。我们平常工作中的浪费非常惊人，而我们却不知道。我们会逐步开展这方面的培训以提升大家的认知，通过实际数值的对比让我们有深刻的感受，然后才有改进的动力。我们需要时刻思考我们的工作是否创造了价值。

企业劳动中只有功劳没有苦劳，苦劳就是只提供了劳动却没有创造价值，对企业来讲是没用的，因为企业是靠劳动创造价值（主要体现在利润产生）而生存的，你累、你忙，但没有创造价值，企业就活不下去，承认了苦劳又有什么用呢？只有功劳——付出了辛勤的劳动、完成了任务，最好是更高效地完成任务（成本更低）而创造了利润——才有价值。如果我们花费了过多时间和各类资源才完成任务，这只能说明我们的能力还有待提升，而我们能力提升的成本是由公司承担的，是公司的工作平台给大家提供了学习提升的机会。

另外，"功不抵过"，做得好的要表扬褒奖，做得不好的、有过错的必须批评，这是两个概念，不能因

第三章 行

为员工好的方面就容忍他的过错，这是对公司和员工的双重不负责任。

之前我曾经管理过商业大楼。有一次大楼地下层被水淹，所有员工都积极抢险，40多个人花费4个小时成功抢险，很好，要表扬，但这种抢险其实是无效劳动，因为它只消耗资源而不产生价值。事后我带领大家检查发掘漏水的原因，是日常巡检、设备保护等管理标准没有有效执行导致的，我们一起就加强管理监督修订了标准，大概率避免意外的发生，这才是有价值的工作。

（三）挖掘潜能

人很容易高估现在已有的能力，而忽视未来经过努力后可能拥有的能力。

我们每个人都是有潜能的，我们表现出来的只是"显能"，更大的能力潜藏在冰山以下。我们都要保持学习的习惯，我们不能局限于眼前的工作而应该看到更广阔的未来。而只有不断拼命努力自我加压才能使潜能转变为现能。人的能力只有上升和下降两个概念，不存在原地不动，不努力提升能力就会下降，长期的懒惰就变得平庸。

潜能的挖掘要靠自己，也需要领导和组织。好领导的引领和好的组织机制可以使平凡的员工变得不平凡、干出优秀的事情，所以我们的各级干部要提升管理水平，给压力，给动力，帮助员工成长。一个员工在你手下工作，你要每天关注他的进步成长，如果他干了几年还没有好的变化，没有变得更优秀，那是领导的失职，要感到惭愧。

第三章 行

时代永远在奖励解决问题的摆渡人

最近,武汉顺丰小哥汪勇直升3级,从一个快递员被火线提拔为分公司经理,这种"坐火箭"式的提拔是非常罕见的。国家邮政局和《人民日报》对他都夸赞有加。邮政局授予汪勇"最美快递员"特别奖,号召全行业向他学习;《人民日报》则将汪勇比喻成"生命摆渡人"。

这个顺丰小哥到底做了什么事?

说出来可能会惊得各位眼珠子都掉下来。在武汉新冠疫情期间,他以一个快递员的身份(有时身份真的并不重要,当你自觉意识到身上的责任时,潜在的能量会超级爆发出来)撬动了医护人员的整条后勤保障线:医护人员上下班没车坐,他组织志愿队接送;医护人员没饭吃,他联系餐馆和便利店送餐;医护人员没有衣服、鞋子、充电器,他筹款买遍了全国。

汪勇舍生忘死、勇挑重担的故事感动了无数人。

新冠疫情突袭而至前,汪勇只是武汉一名普通的

冷眼 一位总裁 30 年的行与知

快递员，每天做着平凡的收件、派件工作。但是，一场突如其来的疫情让他的这份工作有了最大不同：抗疫最前线的金银潭医院就在他的服务区。当服务区里的白衣战士有困难了，汪勇主动（责任会衍生主动，无须监督和提醒）奋不顾身地扛起了一个摆渡人的重担。

（一）解决医护人员上下班难题

除夕那天，汪勇像往常一样送完快递下班，准备回家迎新年，这时他在朋友圈看到金银潭医院有护士在线求救：明早 6 点下班，没公交没地铁，4 个小时了还没有网约车接单。护士的问题摆在了这里，怎么解决？谁来解决？汪勇觉得自己有义务去帮助这个护士（最开始也许就是那种发自内心的善良：人家来帮忙的人有难处了，我得帮帮她）。第二天是大年初一，天还没亮他就赶到了金银潭医院，护士感动得在他的车上哭了一路。一想到医生、护士在抗疫一线艰苦奋战，还要面临这样的难题，他干脆心一横直接干起了司机。新年第一天，他一共送了 30 个人，累得腿都抖了一天。

第三章 行

后来，他发现一个人的能力有限，怎么也满足不了全部医生、护士的回家需求。于是，他就发动朋友圈（有意愿还要有方法，找到有效途径。如果说刚开始要有"心"，真正干起来就要有"脑"了）来解决这件事。疫情当下想要招募志愿者绝不是一件简单的事情，如果出现群体感染事件，他就成罪人了。怎么办？他在招募志愿者时加了两个条件（降低风险）：一是独居，二是有防护用具。没过多久，他陆续招到20多个人（相信人人都有基本的良知），暂时缓解了燃眉之急。

为了解决更多医护人员的通勤问题，汪勇联系上了摩拜和青桔单车（聚拢更多更大的力量），让住在医院附近的人有了保障。那么住得远的呢？他又找到了滴滴，滴滴被他的执着感动了，结合实际情况，将司机的接单范围从3.5千米扩大到了15千米（只要找到共同价值，看起来的一定之规都可以为你让路）。

另外，考虑到特别需求，他还安排每晚留下一个志愿者应急（细心周全，考虑到各种需要），在凌晨一点半后守在医院，医护人员的通勤问题因此基本上得到解决了。

冷眼 一位总裁30年的行与知

（二）解决医护人员吃饭问题

出行问题解决后，汪勇又发现很多医护人员吃不上米饭，只能每天吃泡面，有时甚至连吃泡面都难。

汪勇于是开始联系餐馆。没有好的方法，就是"扫街"，一家一家问（没找到好办法之前就用"笨"办法，先干起来再说）。找餐馆并不简单，餐馆可以免费提供场地和人力，但要他们长期背负食材和一次性用具开支，他们也吃不消。这意味着，汪勇和志愿者还得建立餐食供配体系。后来，他们终于找到餐馆和便利店合作了，但是没做多久，它们又因疫情管控双双被按下暂停键（干啥事都不是一帆风顺的）。挫败感一股股袭来，但是汪勇没有放弃（"不放弃"就是成功的前奏），而是又迅速建立了两套解决方案：第一，找库存充足的方便面企业，落实配送车辆和人，先让医护人员能吃到泡面；第二，协调有关部门，试一试能否让便利店的快餐恢复营业。汪勇一方面找街道办事处层层上报，一方面准备好生产手续，最终便利店再次运营，1.5万份米饭解决了医护人员的用餐需求（方便面企业、

第三章 行

街道办事处都远远超过了汪勇的职责能力，但只要决心够大、站的角度够高、找到共同利益点去说服，就能动员更多的资源，为共同目标奋斗）。

（三）解决生活上的其他所有问题

在全国医疗队伍倒班攻坚的同时，我们无法想象他们会遇到什么样的问题。比如，医护人员麻烦频率最高的两大件是眼镜和手机，因为眼镜腿最容易被护目镜压坏，而手机经常消毒，酒精渗进去会导致失灵。这两个需求虽然看起来是小事，但在特殊时期很难找到人来修。汪勇为此专门建了一个医护服务群（太牛了啊，这种组织动员能力！）专门修眼镜、手机、指甲钳、秋衣秋裤，只要医护人员在群里喊一声，汪勇和他的志愿队就会出来搞定。还有更厉害的，因为医院不能开空调，无袖羽绒服成为最实用的保暖服装。志愿者筹了10万元，把整个武汉商场的羽绒服买完了，最后又到广州定了1000件羽绒服（当然有在特殊时期激发出的人性的"善"这个因素）。

有一个上海团队的防护鞋套不够了，汪勇找遍整

冷眼 一位总裁30年的行与知

个武汉都缺货，最后在周边地区找到了一个淘宝卖家，他连夜开车过去，最后将2000双鞋套送到了医院。

还有一个援鄂医疗队想要给队员过一次生日，汪勇知道后全城搜索蛋糕，让他们过了一个难忘的集体生日（不达目的不罢休）。

甚至，一个护士在去方舱医院送药的路上，擦挂到了一辆电动车，她第一时间想到的也是汪勇（影响力会形成信任依赖，你就有更多的机会展现能力），汪勇赶到现场，负责找人修车，让护士继续送药。解决医护人员的问题，解决他们背后的困难，这就是汪勇"摆渡"的初衷。他说,让医护人员安心工作就是他的工作。

汪勇所做的事情就是在为别人服务，想方设法呼应别人的需求、解决别人的困难（为别人服务，呼应别人的需求，解决别人的困难，必须重复一下，这个特别经典）。

我们再来看看那些行业翘楚，他们无一不是通过解决人们需求而收到了丰厚的回报：刘强东解决了网购速度和人们对正品的需求，张小龙解决了人们社交的需求，雷军解决了人们对性价比的需求，等等。

第三章 行

朋友们，请相信时代永远会奖励那些帮别人解决问题的人。这需要我们打破惯性，突破思维，把做人做事的初心定位在"我该怎样去帮到别人"，勇敢无畏地付出。这是"德"，明白了这个道理就叫"得道"。只有"德到"才能"得道"，最后才会"得到"！

让下属承担起责任

打算写这段文字前,想了好几个题目,如提高会议的质量、带好你的团队、如何授权、领导的责任是管理,等等,但还是决定用《让下属承担起责任》这个题目好。

也许,题目并不重要,而"让下属承担起责任"正是各位领导的责任。

写此文的缘起是昨天参加的一个会议。为制订明年工作计划,必须对未来至少三到五年的战略非常清晰并达成共识。很重要的会议,但显然,会议质量并不算高,还是犯了以往常犯的错误:准备不足。本来应该在会前经过认真思考形成相对成熟意见的内容,弄得在会场临时填写。就算是大家对这些问题均做了思考,这种形式也是不严谨的,把仓促之下的意见表达作为讨论的基础,很难保证能达成一个高质量的共识。

我就"如何开会"这个问题反复强调过:好的会

第三章 行

前准备等于成功的一半。开会绝不是从走进会议室的时候才开始的,事前就应该为会议做精心准备。你要保证你在会上就会议议题拿出的意见、看法是成熟的,是深思熟虑的,最好还是可视化的和有数据支撑的。它代表着你的认知水平,事关未来方向的战略、计划等重要议题更是如此。领导者和相关责任人更是要抽出专门时间做深度思考,因为战略和计划有其前瞻性和相对的稳定性,一旦确定下来将不会轻易改变。有位著名企业家说:"一旦战略确定,剩下的都是战术",我们总不能动不动就坐下来讨论战略计划吧。

开会要做准备,充足的准备。

这还不是我要说的全部。

我问了原因,一个共同的理由是:忙!

因为忙,会议主持者可能会临时想起一个"作业"让大家做;因为忙,大家可能不管时间是否充足,都来不及对问题做认真思考;因为忙,本来应该在会前做的准备不得不到了会场再临时做,会议时间不得不延长,老是不能准时结束,等到信息收拢真正要认真讨论时,总是时间到了,大家心猿意马,于是不得不草草收场。

  一个团队的核心高管在讨论战略规划的时候都无法集中精力、全神贯注，可见那是真的"忙"啊。

  那我可以大胆地猜测一下：你忙到点子上了吗？

  大家都在说"日程都排得满满的了"，我很好奇行程里都是些啥？然后和大家一起来分析一下：是不是必须明天办？有没有可授权和替代的？是不是比制订计划更重要而紧急？每件事的时间分布是否合理？效率是否足够高？但彼时会期已拖了将近一个小时，有的家属来电在催归，大家都站起身准备离开了。若依我的习惯，非得把这事弄清楚不可。

  当领导的千万不要忙，或者更准确地说：当领导要忙到点儿上。忙你应该忙的事。哪些事呢？制定标准、培训员工、规划战略、管理例外。一个好的领导看起来总是气定神闲的，因为一切都在他计划之中，"有原则不乱，有计划不忙"，这里就不过度展开了，其中一个重要的让自己不忙的原则是：培训你的下属，让他们顶上你的一些事。

  领导为什么是领导？很简单，因为他有下属，没

第三章 行

有下属你领导谁去？

领导为什么是领导？因为他要承担责任。不承担责任就不是好领导。

承担什么责任？一个很重要的方面就是培训下属的责任。各位领导，你不能把下属简单地定义为"干活儿的"，要在他们能干活儿的基础上，还要能为他们所干的活儿承担责任，让你的直接下属和团队骨干分担你的一部分职权。对内，他们对你负责；对外，你通过为他们负责而承担你作为团队首脑的责任。作为领导，要有为下属所有的行为承担后果的勇气。即他们所做的一切，都有你的份。做错了，那就是你的错；做好了，功劳归他们。你以他们的成就为成就。

请相信人们都是愿意承担责任的，因为那是人成长的标志。谁愿意老是被人视作婴儿呢？那是对他们的蔑视。尊重员工就是给他们提要求、给压力，让他们承担起应有的责任。如果长期的在无压力的只干活儿不用负责任的环境下工作，潜意识的惰性会害了团队和团队中的每一个人，包括你自己。

要发现团队中那些有能力、愿意承担责任的人，

冷眼 一位总裁30年的行与知

　　提拔他们成为骨干,授权给他们,把你肩负的团队内的一部分责任分给他们,不但用他们的手和脚,还用上他们的头和脑,让他们有责任感,并衍生出成就感。这是一种有效的激励和双赢模式:他们得到了成长,而你赢得了更多的时间和从容,不忙。

　　授权是一种勇气,因为要承担授权的后果。"你老是做不好,还是我自己来吧""他们真不行,总是把事情搞得一团糟"等,这些会困扰着你,初期甚至会让你更忙乱,还不如自己大干一场来得痛快。但是不行,你是领导,你的工作就是培训他们的能力,要给他们机会,反过来也倒逼你自己提升培训和掌控的能力。

　　授权还是一个过程,授权不等于放权,初期密切跟踪,过程中慢慢放开,直到某些方面完全交付,成熟一个人交付一个人、成熟一类事交付一类事,然后让他们把这种模式继续往下复制,整个团队就在此循环过程中得到提升。在过程中,要不忘培训和管理例外。

　　怎么培训?不但告诉他"做什么",还要讲清楚"为什么做"、关联性在哪里,把你的思想开放给他,给他必要的资源及告诉他如何去组织资源,明确告知权限

第三章 行

的边界在哪里，鼓励他承担责任，随时准备回应请求提供必要的支持，克服自己的表现欲和担心，让下属尽情绽放，你只在后面默默关注。

然后就是管理例外了。出状况了，需要纠偏了，需要拍板了，标准以外的新情况出现了，下属的各种临时性请求，这是需要你站出来的时候。

要特别注意的是"制定标准"，花大力气完善基本业务规范，让绝大部分工作要求都能有据可依，这是非常重要的基础工作，领导必须亲自抓初期的制定和过程中的完善修改，发动员工参与标准的制定。不然所有的工作都会变成"例外"，都需要你拍板和表态，下属离了你就无所适从，你就绝对脱离不了忙乱的状态。

忙，没时间准备会议，会议质量差，会议更多更耗时，更忙！各位，我们需要跳出怪圈，让我们都不要忙，让我们每次都能从容地开必要的会、开出成果的会，让我们都能在工作时间开会而不老是占用我们的休息时间，这需要我们从提升领导力下功夫，制定标准、培训员工，带团队。

领导们不要过于沉溺在具体事务中还被自己的"勤

奋"所感动，领导要关注人，通过培养人来做事而不是直接去做事。当然，这里说的只是一个大致的方向，不能绝对化来理解，比如，强调授权不等于你就可以当甩手掌柜，有些需要你亲力亲为的你还是要去做，这里存在一个过程和比例的问题，要辩证来看，相信你懂的。

让下属承担起责任，并引导所有的员工承担责任，把领导"解放"出来。

第三章 行

加强总部管理，支持业绩达标

（一）集团的发展和总部的定位

（1）我们拥有深厚的业务基础、团队基础和影响力基础，有着明确的、切实可行的目标，并且已经在一步一步前行，取得了阶段性成果，在实现这个目标的过程中能够带领公司和员工实现价值。

（2）我们的总部是一个综合型总部，肩负引领、赋能、管控职责，这就必然对总部提出引领文化和价值观、支持业务拓展、管理规范、控制风险等要求。

（3）总部员工首先必须懂业务，自身岗位技能必须精湛、精益求精，还要懂得集团战略和与本职工作相关的各类业务，要能和业务端探讨交流，必要时提出指导意见。其次，总部员工要做行为表率，赢得尊重和支持。再次，要学习管理知识，不但善于处理事务，还要善于管理协调，懂得组织、沟通、协调、标准、执行等在企业中的意义。

（4）支持业绩达成是对总部的最大要求，所有员工都要牢记集团"客户导向"价值观，强化经营意识、业绩意识，自觉把本职工作与公司业绩直接或间接挂钩，强化业绩链接，为前方提供最高效、最快捷、最贴心的指导服务，尤其是财务、IT、人力资源、客服、知识产权等直接支持业务的部门和岗位更是如此。

（二）工作要求

（1）树立业务意识，牢记客户至上。

总部由于并不直接接触市场，相对来说业务意识是比较淡薄的，这点必须正视，也必须得到改变。

总部更多的是讲规则、标准，这与前方业务有时在具体环节上会是冲突的，总部部门和岗位员工要学会正确处理，既要坚守规则又要支持业务开展，这需要思考研究的智慧，要主动跨出一步，帮助业务端解决问题，只是死守在自己的所谓"规则"大门之内是不行的。

所谓"客户至上"，具体含义就不说了，相信大家

第三章 行

都能理解。这里要强调的是包括三类客户：①已合作和待开发的终端客户，即公司的业务合作伙伴；②公司内同事，包括上司、下属、本部门和跨部门同事；③集团产业链的兄弟公司、工艺流程的上下游、业务关联部门等。这里要特别强调，后两类人群也要当成客户一样对待，要积极主动配合对我们有需求的同事，站在全局角度去理解他们的需求，尽全力提供支持。

需求提供方和支持方都要把这样的工作模式视为理所当然，有问题、有分歧一起当面沟通解决，而不是死守各自的一亩三分地，这样才叫组织，不然就只是一群在一个空间下做事的人，组织力在很大程度上表现为协同力。而对于各事业部业务端来讲，他们整体就是总部的客户，要认真理解业务，倾听业务端的声音，以帮助他们解决问题为己任，服务好我们的客户。

（2）基于职责，力求闭环。

我们在公司这个共同的平台工作，每个岗位都是重要的（当然我们要通过不断提高能力、提升效率来优化岗位配置，我们的效率还有很大的提升空间）。岗位之间、同事之间、部门之间的交往、交流基础是什

冷眼 一位总裁30年的行与知

么呢？不是意气相投，不是互有好感，不是心情好坏，也不是互相帮忙，而是各自岗位必须履行的职责。我们每个人都站在自己的职责立场上说话做事，也理解他人是基于职责在开展工作，这就是所谓的"公心"，有了这个对"公心"的共识，就可以更好的自我定位和更多的理解他人，就可以避免很多无谓的消耗，就会更多的自我约束，收起自我的那一点情绪、面子、不被认同的恐惧、得不到回应的气馁等小"私心"，坦率、简单、直接、正面、包容地和同事交往，正确处理矛盾和分歧（这在工作中是难免的），因为大家彼此都理解对方是在履行职责，是在就事论事，并不涉及对人的评价看法，大家平等、平和地讨论，解决问题就好。

有了职责共识，又该如何去解决问题呢？两个字：闭环。什么叫闭环？就是你做这件事、这项工作的目的是什么，你要达到什么效果，要十分清楚，这是起点。终点在哪里呢？怎么才算完成任务了呢？终点就是起点，以始为终，一定要达到了目的和效果才算完，这就叫闭环。没有达到想要的效果就要锲而不舍地继续去做，不因任何理由而中途放弃，不把任何困难（包

第三章 行

括沟通的困难）作为不做的借口。困难多种多样，而克服困难、解决问题正是我们存在的价值。

我在这里之所以把职责和闭环放在一起来说，就是强调我们现有团队中会经常遇到的一个问题，就是跨部门、跨岗位的协调沟通。很多同事跟我说：我很想干点事，但沟通起来太困难了，我们的内耗太多了，一件事情被反复的扯皮。大家都有无力感。朋友们，这是什么问题？而且很有趣的是，有时两边的人都来我这里说：对方扯皮。今天我不想举出实例，也不想分析各种具体情况，我也知道这其中涉及流程、习惯等问题，但我想说的一个很大的问题是：大家一遇到扯皮就退缩了，一点点困难、一点点阻力就使我们忘记了职责和闭环。而所谓的"扯皮"呢，其实也分各种情况，大多数只是各自对问题的理解、看问题的角度、处理问题的优先级及当时场景的情绪状态而已，通过沟通都能化解。我们都希望在找别人沟通时能得到及时的、高效的、优质的回应，但在别人有需求找我们沟通时却不能给出这些，这很奇怪啊，必须改变。你想得到什么，你就得先付出什么。如果有一方牢记职责，锲而不舍，不达目的不罢休，并以此唤起对方的职责和闭环意识，沟通起来就会顺畅很多。慢慢地如果我们的团队成员都是这样，形成了风气，各类扯皮的事情就很少或者消失，每个人履行职责和闭环就会更畅快，效率更高，心情更好。谁不愿意在这样的团队里工作呢？但在眼下，我们得从我们自己做起，正向风气的形成是要每个人都付出努力的，从"我"做起，大家要抛弃等待依赖思想，大家都在等，好风气是等不来的。

（3）开放心态，学习提升。

我常说"开放"是领导者的第一品质，大家是总部干部，做的都是综合性工作，涉及面很广，都是领导，领导需要有开放的心态。这里的"开放"包括两方面，一是"心"开放，二是"脑"开放。我们的心胸是宽阔的、容纳的、接受的，而不是促狭的、封闭的、拒绝的，这听起来很虚而实质上很实，比如说我们的面容总是微笑的、真诚的、平和的，哪怕被批评和遭遇不理解、不公平的时候，坦然接受是解决问题的前提，我们不必因为一点小小的不顺而情绪失衡，稻盛和夫说"不

第三章 行

要有感性的烦恼"。再者就是当我们遇到不同意见和新的观点、事务的时候,开放的心态能帮我们接纳而不是本能地拒绝,因为我们要学习、提升,成天待在舒适圈里被惯性和经验左右可不行的。心开放了脑才能开放,先接受,再客观、理性地研究,把原理和来龙去脉搞清楚,再加上必要的请教,等等。我们都不是完美和无所不知的,这说起来好像都知道,但一旦真的面临新事物或反对的意见时,我们的本能就起来"捍卫"自己了,要克服这种本能,这是学习进步的前提。一个组织和个人最大最重要的能力就是学习能力,因为社会在飞速进步,而我们越是发展遇到的问题就越多,唯有以不断的学习和每天的进步去对抗之。

还有两个具体方法上的开放很重要,具体如下。

第一,开放所有工作信息,除了必要的保密之外,要尽量多地对员工开放工作信息。要建立这样的平台,让员工有机会了解公司的各类信息并有机会参与讨论,"不谋全局者不足谋一域",要让员工了解全流程,了解了整体才能做好局部。只要你有研究的兴趣和能力,欢迎就公司发展的任何问题发表意见。具体问题的意见都拿到桌面上来说，不怕批评和反对，矛盾和冲突正是智慧产生的契机，当然要有智慧去处理矛盾和冲突，还有就是这样的参与和组织原则、决策机制、执行力之间的关系要处理好。

第二，领导要对下属开放自己的心路历程和思考过程。这既是交流讨论的需要也是培训能力的需要，可以让下属学习到你的思维方式，这是真正的训练，比简单的学一两个具体操作管用多了。开放思考过程，不要怕暴露自己的弱点，因为我们本就不是完美的人，我们不会因被发现有弱点而失去权威，反而会因为我们的开放豁达、从善如流而获得尊重。

论行政工作十大关系

本文之"行政工作"指除具体业务之外的所有综合管理工作，如行政、财务、HR、品宣等部门工作。

（一）行政中枢和辅助性质的关系

企业行政管理体系是企业的中枢神经系统，其触角深入企业的各个具体业务部门和分支机构的方方面面。企业中除行政管理之外的工作，都是某个方面的业务，而行政工作在其广度、深度和重要性、敏感性等方面都不同于企业各个具体业务部门和分支机构。行政管理工作就好比润滑油，适量润滑可以使车轮跑得更轻、更稳、更快。但企业行政管理是手段而不是目的，是辅助性的，必须为企业效益的最大化服务，其着眼点在于充分挖掘和最大限度地利用公司的各种资源，提高员工工作积极性，开源节流，提高企业经济效益，加快企业发展。

企业行政工作必须为生产经营服务，各部门首先要把自己的工作置于整体工作之中、之下，支持、辅助总经理的经营管理；企业行政工作是企业生存发展必不可少的一部分，非常重要，看不到这一点就不是优秀的总经理；企业行政工作大有可为，它同样在为公司创造价值。

（二）管理和服务、协调的关系

行政工作三大职能：管理、服务、协调。三者相互融合、相互交错，在不同时候针对不同的事情侧重点也有不同。如果说管理和服务是目的的话，那么协调就是重要的手段和工作方法。

（1）管理：保证合法、合规经营，制定和不断优化标准制度。

（2）服务：支持业务，依据业务需要解决问题。做好服务工作本身也需要管理。不因管理而妄自尊大，也不因服务而妄自菲薄。

（3）协调：行政工作很多事都是通过协调来实现的。以协调为重要手段，管理与服务并重，是行政工作的基本原则。

协调工作的境界：悟（有悟性，善学习，懂业务）、度（合理性把握，做好管理和服务的平衡）、网（撒得开，收得拢，行动上收放自如）。

协调工作可分为内部协调与外部协调，各有其处理原则和方法技巧。

（三）坚持原则和工作方法的关系

（1）要求：正气、静气、大气、朝气；爱心、公心、自尊心、敬业心、投入度、正义感。

（2）要有非常强的内功，要有深厚的修养；不贪功，不图名，不唯利。

（3）要绵里藏针，厚积薄发。

（四）工作职责和个人魅力的关系

（1）尽职尽责，当仁不让。

（2）展现魅力，水到渠成。个人魅力是弥补责任真空、扩大管理效果、顺利推行实施的"添加剂"，对"人"的认可，可以大力推动对"事"的认可。

（五）"开源"和"节流"的关系

（1）行政工作不直接创造效益，但其所有活动都直接或间接地与企业效益有关。

（2）如果说行政工作不直接"开源"，"节流"便应成为工作重点。

（3）从更广阔的意义来讲，"节流"就是"开源"。

（六）眼前利益和长远利益的关系

（1）处理好工作中的眼前利益和长远利益。

（2）处理好个人职业规划中的眼前利益和长远利益，明舍得，知进退。

（七）大局意识、宏观思维和小节事务、细节管理的关系

（1）既要有干大事的雄心，又要有干小事的细心。

（2）胸怀大志，干好小事。

（3）干小事不削弱立大志，立大志不影响干小事。

（4）清楚、明白每一件小事对大局的影响，善于

累积个人的良好形象。大事不浮躁，小事不迷失。

（5）善于转换角色，及时随需要调整思维并用其指导行为。

（八）"有为"与"有位"的关系

（1）要想有地位，必先有作为。不寻找借口，不怨天尤人。

（2）有为才能有位，有位更要有为。

（九）"溶"和"融"的关系

（1）面对消极，感染它，影响它，融化它，而不是被它溶解。

（2）要有定力，坚信正气，相信自己。不附和，不随波逐流。

（十）正确看待考核和能力的关系

（1）考察行政工作者看两个方面——能力（能）、心态（德）。

（2）怎么看？两句话，有能力的看心态，心态好的看能力。

（3）具体做法：心态好能力强——上等；心态好能力尚可——可用；心态好能力一般——培养；心态好能力差——着力培养或转岗（给机会）；有能力心态差——强力扭转，磨炼（转岗、降级、降职等），或淘汰；无能力心态差——淘汰。

融合管理：与高管的交谈

先要明确：一是公司今年整体目标是什么？二是自身岗位职责是什么？

基于以上两点，我们要思考以下几点。

（1）我（所负责的部门）今年的目标是什么？

（2）实现目标面临的最大问题是什么？

（3）解决该问题要做的最重要的三件事是什么？（先列出要解决的所有事，再选出三件）

（4）解决问题过程中最需要的前置条件是什么？（最好一个，最多不要超过三个）

密切关联的部门高管要一起思考，并把各自就以上问题的思考拿出来分享、讨论、达成共识，这非常重要。要把认真思考的过程和结果写出来，确认真正思考清楚了，再拿出来讨论。

我认为，已在公司高管位置的人，就算团队基础薄弱或某种特殊情况下，要加班，也是在加班"思考"，布局谋划之类，而不是对着电脑做一件什么具体的事情，比如写一个计划、做一个PPT等。

核心高管应该是什么工作模式？是不是在做自己该做的事？一些具体的事一定要下放到下面去做，这是在锻炼他们，拉他们和我们一起并肩前行。就算刚开始基础薄弱，至少也要拉他们和我们一起做，培训他们，然后慢慢放手，把自己解放出来。做领导的不要太忙，或者说，要忙在该忙的地方。

我们讨论了团队成员尤其是我们手下骨干员工对"成长"的需求，这么多年我们的下属没有得到成长，这已成为不稳定的重要因素。那我们就更应该用"带领下属成长"的方式去工作！和他们一起忙、让他们忙，就是这种方式。我们团队都是领导忙，成天加班加点，下属没啥事，按部就班上班，直到哪一天突然提出离职……这肯定是有问题的。

而有的个别领导有宏观、引领、凝聚人心的能力，能发动大家做事情，是我较认可的领导工作模式。我倒要提醒他更多地去了解具体情况，身体力行去做一些具体的事情。

各种工作模式、各自的性格特点要相互融合，互

第三章 行

相往对方靠一点，会是最合适的，所谓"中庸"是也。

销售负责人曾和我谈到要去生产现场看看，了解平台各环节，我很支持，认为很有必要。就应该请生产负责人亲自带他去，介绍所有的工作流程，了解他们的岗位职责、工作模式和面临的问题。生产负责人也要了解销售这边的，二位对各自的工作情况都要了解，并经常拿出问题来共同讨论。对对方情况的了解非常重要，这会让你们的讨论更有代入感、效率更高、讨论质量更好。

对下属情况的透彻了解非常非常重要。

优秀的管理者已不是培养追随者的问题，而是和员工一起干！这是个去中心化、去权威化、员工个性化、组织层级淡化、共同创造价值的时代，我们一定要适应这种变化，改变我们的领导模式。何况，我们还有那么多过去管理问题的欠账，我们的基础并不好，我们自己也不是非常成熟优秀的管理者，这更需要我们做出调整、变革，快速学习直接切换，用革命性的决绝去面对经验和习惯甚至懵懂，提升自己的管理，敞开心灵和伙伴们一起前进。不然，真的会事倍功半甚至劳而无功，忙得太累而效果甚微，得到的不足以支付我们的付出，太不划算。

以上只是想法和提醒。我是宁愿把假设的东西也拿出来研究一番的，对我熟悉了解的领域就是警醒阻戒，对于我不熟悉的领域则是提醒和讨论。

第三章 行

关于"忙"

先定义"忙":每天被很多事情推着走,一大堆"作业"让你觉得时间根本不够用,根本没时间安静下来思考,或者以为自己在思考其实只是在"想",想着怎么去完成一件一件具体的事,思考层次很浅,只是依据现有的信息和能力而没有创新性的东西融入。而当你发现手头没有什么具体事时,立马不习惯或脑袋空空,不知道该干点什么。

如果是这样的忙,那么,拆字就是有效的了,忙 = 心 + 亡,心死了。

领导者太"忙"不正常,一定是哪里出了问题。

(一)对职责的理解有偏差

(1)领导者工作特征之一是"依靠他人完成任务",而不是亲力亲为。当然这也是相对的,这里强调的是领导者要善于运用团队的力量。

(2)领导者的两大重要职责:组织和激发。把人们有效组织起来,调动积极性,激发组织活力,高效的创造性的活动。

(3)敢用、善用比自己厉害的人。

(4)能力不被下属定义。研究、熟悉、了解下属工作,提炼业务逻辑和关键指标、节点,与下属讨论,与目标对照,关注过程而不仅是结果,必要时及时纠偏。

(二)授权出了问题

(1)授权是领导者必有的工作模式。

(2)授权要清晰。授权给谁,授权哪些内容,互动形式等都要清晰明了。

(3)要动态授权。要根据环境要求、业务发展和能力变化等调整授权要素,也要保持相对稳定,满足阶段性目标要求。

(4)要有序授权。授权一般是有计划的,临时性授权要有收回程序。

(5)授权,更要监督。

（三）工作习惯有问题

（1）从"事"到"人"。领导者要重点关注"人"通过"人"来关注"事"。

（2）从"自己干"到"别人干"。帮助、指导、支持下属干。

（3）激发组织活力。

（4）推行教练工作模式。

（5）要抓大放小。

（6）要关注意义，善于提炼总结。

（四）能力有问题，抓不住重点

（1）紧盯目标，把控全局。

（2）了解下属，因材施教。

（3）开放信息，搭建平台。

（4）评价奖惩，引领方向。

（五）思维出问题，无轻重主次，不懂舍得之道，不知抓大放小

（六）定位出问题，不理解"岗位＋职位"

（1）岗位：要自己干的事。

（2）职位：要发动别人干的事。

关于会议、团队、审批流程

（一）关于会议

（1）一定要准时，小会提前2分钟，大会提前5分钟。

（2）会议要以解决问题为原则，往少而精的方向优化。

会前准备，会中投入、聚焦，与会后行动及效果跟踪很重要，对会议也要全流程管理。可引入固定会议纪要格式，只需会议决议和行动计划两项内容。

（二）关于团队

（1）大家一定要目标一致、行动统一、组织严密，才能高效出成果。

（2）目标高度一致。在共同目标基础上讨论问题，对错不重要，合理更重要，一旦决定了就立即行动，在过程中完善。

（3）优秀的人要在一起优秀的共事，互信、互赏、互补。

（4）副总对分管的部门工作全面负责，同时还兼有协助总经理对事业部进行全面管理的职责，要关注全局。

（5）要打破部门的墙，让员工在基于客户的全流程服务中贡献价值。

（6）建立起"直线组织＋职责核心"的工作模式。直线组织中各级领导负责，同时承担相应职责者可以为核心组织资源，为目标达成负责，所有相关人员必须支持配合。

（7）组织中的信息汇集原则：形成从上到下、从下到上的有序信息流。上级一般不越级决策，但可以跨级了解情况和交流；当下属接受到非直接上级的指令性信息，应第一时间向直接上级汇报。

（三）关于审批流

该谁（哪个部门哪个人）发起审批流有讲究，一般是对发起事项负责者或对某项工作有诉求者发起。

谁发起谁负责。"负责"的意思有以下几条。

（1）确保审批流在规定时间内按要求完成，不因任何情况导致审批结果受阻。

（2）如果出现不能达成一致的分歧，则依据职责权限决策拍板，推动工作。

（3）团队要有约定（规定），一般审批流须在24小时内完成审批，最多不超过48小时。特殊情况有加急要求的，发起人要在发起审批附言中注明并推动实现，相关审批流各环节责任人要全力支持配合做到。

（4）不以审批流代替管理和沟通，在发起审批流之前应与有关人员做必要沟通。一般情况下，审批流的审批应该是通畅的，因为事先都经过了高质量的沟通达成了一致意见，只是用审批流的形式予以确认和作为向一定范围传播并共同执行的依据。

（5）一个审批流只有发起人所在部门才出现两个和两个以上层级串联的审批流程，再并联到与本部门最终审批人同级的其他相关部门负责人审批，其他部门不再有不同层级出现。流程设计时要注意合理采用串联与并联的审批关系。

（6）审批流中出现的任何环节（审批人）都应该

有相应的审批项（即为什么事项负责），如果没有则是冗余环节，必须取消。该有的环节不漏，同时也不要滥用不必要的审批环节。

（7）审批发文时，注意审批事项的关联性，区别发送、抄报和抄送，不错不漏。

（8）延伸一下，制定标准是领导的职责，下属对标准的修改、完善只有建议权没有决定权。

关于"两级管理"

所谓"两级管理",是指管理者必须深入往下两个层级,了解其工作情况,帮助其解决问题,关心其成长。这是要求管理者要深入基层、深入现场,而不能只待在办公室里听汇报,因为汇报的东西都是经过有意无意过滤过的,只有深入实际亲自去研究才能掌握到一手的真实情况。而且,如果直接下属的能力不够,不能提供想要的资料,带着他们去调研也是对其能力的培养训练。

"两级管理"是一个相对概念,不能僵化理解。比如有的管理者下面本来就只有一级,就无所谓"两级管理",而有的高级管理者下面有超过两个层级的,提倡在必要的时候直插到底,和基层员工保持足够的互动。

"两级管理"和"过程管理"与"现场管理"一起构成管理的三大法宝,要结合起来组合使用,融会贯通。

有几个要注意的地方。

（1）"两级管理"是上级对下级而不是下级对上级。曾出现过有员工借"两级管理"拒绝执行超过两级上级的指令，这是不对的。

（2）"两级管理"主要强调的是上司至少要管到往下两级，提倡尽量往下延伸管到最基层员工。

（3）对"管"这个概念也要予以澄清，应理解为"关注和帮教"，不要简单理解为"审批权"和"直接监督"。

（4）"两级管理"不等于两级审批，审批按权限该几级就几级，有的审批一级就够了。不要把"管理"庸俗化、简单化，更不要试图用流程代替管理。

（5）"两级管理"的目的是上下贯通、掌握情况，领导要掌握所属所有员工的情况，这样既有利于正确决策、推动工作，也有利于培养员工、形成人才梯队。

关于培训

——答《投资家》杂志记者问（节录）

问：作为一个培训师，您如何看待中国当今的培训行业？您有哪些可与大家分享的感悟？

答：中国的培训市场的确还不成熟，主要表现在缺乏一批既有实践经验，又有独到的总结分析能力，还能以受众乐于接受的方式传播出去的培训师。这样的培训师必须来自企业实践，直接地说，他必须在企业担任过高级职务，这是其管理思想、培训素材、创作灵感的直接来源。与此同时，他还必须有"一脚门里、一脚门外"的功夫，能从繁杂的企业管理实践中抽身出来，站在理论高度总结出普遍规律，这需要良好的自身修养和深厚的学术功底、人文素养。我常说"人活在境界之中"，我们常讲"同一片蓝天，同一个地球"，那是讲另外一个概念，真实的情况是：我们每个人都生活在自己的蓝天（境界）下。所以，卓越的培训师在悟出一些东西时，紧接着他就要思考如何让处于各

冷眼 一位总裁30年的行与知

自不同境界中的人们能够理解这个原理,"表达的意义在于接受",培训师必须学会在理论与实践中屡次杀进杀出。也许真正的培训师并不在于传播知识,而在打开一扇使人们看到真相的窗户,因为"看到的都是表象"。

培训师还要有一颗热忱的心,心怀天下,忧国忧民,认为自己有责任为企业和国民素质的提升做点事情,愿意分享,愿意帮助他人,"用自己的脑浆去浇灌人们的心田"。

如果给当今的培训从业者分类的话,一个叫知识贩子,还有一个就是布道者。有很多所谓专业培训师,并不具体经营一个企业,而是专门到处讲课,或曾经管理过企业但现在却走上了所谓"专业化"道路。坦率地讲,我并不看好这样的培训师,因为他们的素材和过去的积累也许能用一阵子,但总有枯竭的时候,即便有企业调查,哪有身在其中更能体悟的?

企业管理不是一个学习知识的问题,而是企业人内省的问题,真正的培训是可以自我进行的,培训师只是他们自我训练的推动者和引导者。管理不是从知

第三章 行

识出发,而是从企业的具体问题出发。企业发现不了或者解决不了的问题,是因为企业人的软件(观念)有问题,企业培训就是帮助企业"人脑软件升级"。一般人往往有体验,没提炼。解决具体问题靠方法,方法来源于观念,"人脑软件升级"形成了新观念新方法,解决问题自然就多了许多路径。

企业文化是企业人的境界,企业文化建设就是企业"人脑软件升级"工程。企业文化首先来源于企业老板的感悟,然后被员工接受并认同,这是一个逐渐形成的过程。有些企业让我帮他们制定企业文化规范,我说我干不了,因为它本身就不是一个写出来贴在墙上的东西,它看不见摸不着,却经常在规章制度之外起作用。它当然也有外化的形式,就是企业的价值观,很多眼花缭乱的表面问题其实质是深层次价值观的问题,我常说"所有的胜利都是情怀和价值观的胜利。"因此,企业文化培训首先是接受"明"师点化,要明确自己的价值观。

关于"达成共识"

我们不要简单化、机械化、庸俗化地理解"达成共识",以为"达成共识"就是所有人的意见达成了一致,只有完全一致了才能开始行动。

如果这样理解的话,"达成共识"就是个坑。

同一个问题,各有各的看法,怎么可能所有人都完全达成一致呢?尤其是平级之间的讨论,因为大家对事情的理解和所站的角度不同,往往各有各的道理。意见不能达成一致难道就不行动了吗?或者说必须要共同上级来"裁决"才行吗?不是的。

公司是一种社会组织,所有组织的共同特征就是行动的一致性,而行动一致性依赖于决策的有效性。作为企业来讲,"集中"的决策由谁来做决定呢?①领导,职级最高者,这是他理所当然的职责;②指定的负责人,基于职责做出决定并要求执行;③所有组织、项目都必须指定唯一负责人,这也是上级领导者的职责。

这就对我们提出了要求。

第三章 行

（1）积极参与讨论，坦诚、理性、高质量地发表自己的意见。

（2）清楚自己的角色和职责，到底是参与者还是负责任的决策者。

（3）决策者当仁不让，对决策负责并严格监督执行，确保达到效果，参与者则必须自觉服从并积极辅助。

（4）所有人完全按最终决策行动，无论它与你个人当初的意见是否一致。

（5）会后不对外（尤其是下属）扩散会场讨论信息和个人观点，只宣传推动最终决策的行动方案。

（6）深刻理解决策方案，并确保执行中达到效果，在行动中加深理解。

（7）执行过程中确有改善建议的，只与负责人个人单独交流，被接纳也应由负责人宣布调整计划，不被接纳则继续想方设法按原定方案达成目标，并乐于与团队一起承担结果。

"非黑即白"的思维要不得。大部分做法都会有利有弊，所谓决策就是综合权衡而取利大于弊者，此即任正非的"灰度思维"。我们应该相信，在负责人召集下，经过讨论做出的决策，大多数是相对合理的，何况我们并不排斥实施过程中的纠偏，用"导弹管理"来帮助我们确保目标的达成。

所谓"导弹管理"是相对于"炮弹管理"而言的。普通炮弹在打出去之前需要极力瞄准，一旦打出去就没法再控制了，它的准确性几乎完全取决于是否瞄准；而导弹不是这样的，导弹头上面装有自动矫正装置，可以根据目标的变化、风速等的影响调整参数随时自动纠偏，以确保最后精准打击目标。因此，相对来讲，它对发射前的瞄准要求是不高的，有个七八分准确就可以了（当然我们还是要尽量地拿出接近完美的决策，尽力"瞄准"）。在管理上，这就叫作"过程管理"。用过程中以目标为坐标的随时矫正来克服所有决策必有的负面因素和偏差，所有执行者都应该有这种对于目标达成的高度自觉，这才叫真正的"高效执行力"。

也就是说，"达成共识"并不是在所有问题上都要达成一致，而是在如何处理意见不一致上达成一致。在实际工作中必须杜绝以下几种现象。

第一，会上不说，会后乱说。

第三章 行

第二，自己没想清楚就不执行，或拖延执行，或不全力执行。

第三，说假话，嘴上同意实际反对（这是最严重的，涉及人品和职业道德，必须坚决禁止）。

第四，按决策执行遇到困难时，立马搬出当初讨论时的反对意见，"我当初就说了这样做是不行的"云云。

这些认知才是我们需要真正"达成"的"共识"，我们要在这个更高的层级上"达成共识"。这样的"达成共识"对决策者的要求是高的，要提升判断力、决策力和沟通能力，尽量做出最有效的决策并能督促落实；对参与者的要求是高的，要清晰职责、角色感很强并善于调整、要有大局意识和强执行力；对整个团队的要求也是高的，目标必须明确，成员之间要有高度的互信和欣赏，团队要形成积极正向、甘苦共担的文化氛围。

最大的成本是信任成本，最有效的沟通是无须沟通。团队成员间有了这个层面的共识，信任成本将大大降低，沟通效率将大大提高，工作成效将快速显现，"轻松而高效的工作"便可以实现。

关于事业部制

事业部制不是新鲜事物,早在20世纪20年代美国通用公司就出现了这种模式。

(一)定义

事业部制是为满足企业规模扩大和多样化经营对组织机构的要求而产生的一种组织结构形式,把分权管理与独立核算结合在一起,按产品、地区或市场(顾客)划分经营单位,完成从生产到销售的全部职能。事业部制是分级管理、分级核算、自负盈亏的一种形式,即一个公司按地区或按产品类别分成若干个事业部,从产品设计、原料采购、成本核算、产品制造一直到产品销售,均由事业部负责,实行单独核算、独立经营,公司总部只保留人事决策、预算控制和监督大权,并通过利润等指标对事业部进行控制。它主要适用于产业多元化、品种多样化、各有独立市场,而且市场环境变化较快的大型企业。

（二）特点

（1）事业部不是独立的法人企业，但具有较大的经营权限，实行独立核算、自负盈亏，是一个利润中心。

（2）按照"集中决策，分散经营"的原则，处理总部与事业部之间的关系。企业最高领导层可摆脱日常的行政事务，集中力量研究和制定企业发展的各种经营战略和经营方针，通过总部职能机构实现管控与服务，而把最大限度的管理权限下放到各事业部，使他们能够依据企业的经营目标、政策和制度，自主经营，充分发挥各自的积极性和主动性。

（3）把市场机制引入企业内部，各事业部间的经济往来将遵循等价交换原则；引入充分竞争，大比例考核结果。

（三）优点

（1）结构稳定性，经营灵活性。

（2）总部集中精力做决策和管控，事业部发挥经营管理的积极性和创造性，从而提高企业的整体效益。

（3）培养全面管理人才，为企业的未来发展储备干部。

（4）便于建立标准，严格考核，易于评价每种产品对公司总利润的贡献大小。

（5）组织专业化生产，提高劳动生产率。

（6）各事业部之间可以有比较、有竞争，由此增强企业活力，促进企业的全面发展。

（7）自主经营，责任明确，使得目标管理和自我控制能有效地进行。

（四）缺点

（1）由于各事业部利益的独立性，容易滋长本位主义。

（2）机构重叠，成本增加，费用开支增大。

（3）对事业部负责人素质和公司总部的管理工作要求较高，否则容易发生失控。

（五）对于xx公司来讲，须知

（1）暂时并不具备实行事业部制的条件。

①非大型公司。

②并非处于规模扩张、产品多样化阶段。

③管理基础薄弱,整体员工素质尤其是各级管理干部综合素质还有很大提升空间。

④缺乏有独立全方位运营经验、高职业素养的领军人物。

⑤总部管控能力和协调性较弱。

⑥总盘人才可得性差,人力资源暂时得不到充分保证。

⑦公司目标和现状使调整和承担失误的空间很狭窄,风险系数高。

(2)但又有实行事业部制的迫切性和必要性。

①公司整体目标需要全方位地为客户提供服务。

②公司发展对利润的需求。

③公司治理优化的需要。

④公司需要扎实有效的利润负责机制(含负责人及授权、全链条一体化管控)。

⑤激发销售活力、提升公司品质的需求。

⑥公司发展对人才的迫切需求。

⑦引进竞争与合作，释放潜能。

（3）必须懂得并践行。

①切实真实授权，激发活力，让事业部驾驭经营，为结果负责。

②授权是责任、是托付、是使命，不仅是权力。

③有限授权，逐步放权，及时授权，有效授权，把握支持与管控的平衡，要在过程中摸索，不能一步到位。

④正因为对事业部大幅度授权，所以更加需要强化总部权威，提高总体管理水平，二者辩证关系要清晰，因为事业部制对团队和内部管理的要求更高。

⑤信心：我们有好的公司发展基础和团队基础，有一致的目标和良好的人际关系，一定能做好，必须要达标。

⑥决心，一切从组织和目标的需要出发，付出改变的代价，不能打退堂鼓，开弓没有回头箭。

⑦增强协调性，强化总部和事业部之间、各事业部之间、各事业部负责人之间的同修共进意识，共同学习，开放透明，充分利用我们目标一致、品行纯粹、

第三章 行

学习能力强的优势，在实施过程中完善机制，创造适合我们自己的事业部运行模式。

⑧主动接受监督，善于接纳和修正。

⑨既站稳立场，又主动携手。无论什么组织形式，都是为了公司整体目标的实现，各事业部既要有自己的立场、为自己的任务目标负责，同时也决不能只局限于自己本身的利益和KPI，"不谋全局者不足谋一域"，思想的起点要高、行动的落点要实，一切为了客户，时刻想着客户，以客户和目标统帅一切。

⑩协同作战，共筑防火墙。增强风险意识，优化预警系统，提高整个公司层面的抗风险能力。

⑪成人达己。在自我管理、自我成长的同时，真诚培养和锻炼下属，为公司发展储备人才。

⑫任何一种运作都是公司文化在运作，我们要在实施过程中形成积极正向的企业文化，让文化在机制尚不能完全覆盖所有区域的时候发挥作用。我们要了解但不要拘泥于所谓"事业部制"的概念，一切以需要和效果为准，摸索前进。

⑬各事业部在设计内部架构和职责、流程时，一

冷眼 一位总裁 30 年的行与知

定要注意客户和市场导向,还要注意与销售事业部的对接,怎样能最好地支持到销售行为,让销售和客户的诉求能快速有效地传递进来并得到重视,支持销售就是服务客户,销售系统内部也要有围绕客户的闭环系统,所有设计都是面向市场的,而不是只为自己内部工作方便的甚至因人设岗,自己的员工可以培训、引导、改变。

⑭就算我们做足了功课,完成了所有心理的、组织的、人员的、业务的准备,具体运作起来还会有这样那样的问题,谦卑、合作、学习、倾听、责任感和一往无前的气势将是我们须臾不得离的法宝。当我们在过程中成就了以上品质的时候,我们会发现那梦寐以求、看似遥不可及的目标已经展现在面前,"德到、得道、得到"三部曲已被我们完美演绎。

成就一个团队的,从来就是信任、真诚、热爱、开阔和坚韧,无他!

莫孤独，要慎独

（1）每个人都有自己独处的时候。只是有人自知，有人不知；有人喜欢，有人恐惧。

（2）有人总是也总能创造机会独处，很享受；有人只要独自一人就慌张、烦躁，六神无主。

（3）我告诉你：人，可以孤单，不应孤独。

（4）孤单，是肉体的单数，一个人；孤独，是身、心、灵的彻底空寂，飘荡无依。

（5）当然会孤单，但怎么会孤独呢？你可以和自己在一起的。

（6）所谓的孤独，是你连自己也找不到了，慌张和烦躁随之而来。

（7）见过图书馆里安静的自己吗？见过觥筹交错中孑然一身的自己吗？见过微笑转身后泪流满面的自己吗？

（8）智者常有两个人陪护左右：你的心，你的灵，经常会孤单，永远不孤独。

（9）独处意味着无人惊扰、没人监督，时间、空间的独享，完完全全地自己打理自己。

（10）孤单和孤独的独处，功效完全两样哦。

（11）"诚于中，形于外，故君子必慎独也。"

（12）"慎独即不自欺。"

（13）"处世无愧于心。"

（14）身、心、灵，由外而内，懂得不孤独，才会去"慎独"。

（15）东汉王密送十金于杨震："暮夜无知者。"杨震答："天知，神知，我知，子知，何谓无知！"天、神即心、灵，杨震只孤单，王密实孤独也。

（16）内不欺己，外不欺人，上不欺天，君子慎独。

（17）慎独者，于他人坦荡，于自己心安，事无不可对人言。如此人生路上，绿意盎然，步步花开。

高管行为建议

（1）开会时集中精力，专注倾听和思考，绝不用手机、电脑处理其他事情。

（2）参会的人要认识到所有议题都与你有关，不然就不需要你来参会了。

（3）根据工作任务的需要主动快速随时地记录和准备资料（包括数据汇总、行动方案等），而不是还要先开个会布置任务。重要工作信息、数据、进度等是随时收集更新的，而不是专为会议临时准备。

（4）把手上具体的事务性工作全部交出去。

（5）不要自己做表格，不要自己做PPT，不要自己收集数据。给思路、给方法、提要求，让下属做这些事，没有专人做这些可以找一个优秀的员工兼做，以调动好他们的积极性，你的脑子要用来关注目标和深度思考。

（6）抓重要事情，处理紧急事情。建立规则（哪怕是临时性的），让紧急事件减少。

（7）要授权，要培训下属。把带有一定决策、把关性工作有序地交给下属去做，告诉他们该怎么处理，不懂的时候再来问你。

（8）要每天到下属工作现场，看看他们工作得怎样，问问有什么需要支持的，每天帮他们提炼一点经验出来。

（9）无论工作到多晚，第二天要准时上班，让所有想找你的人不用思考你来没来。

（10）准时上班，面色自信从容，快速决策，告诉下属方法，每天提非任务性的工作要求，鼓励下属已经做到的，授权并为下属的错误承担责任，与其他部门信任友好，从不抱怨发牢骚，说话时微笑地看着对方的眼睛，每天关注目标，和下属讨论工作甚至请教……这些就是领导力！

（11）清理现有的会议。

①是否必要？鼓励日常的随时性的沟通，减少会议。减少纯粹沟通性的会议，谁负责谁发布命令（当然要注意和提高命令的质量），其他人必须执行，在执行中纠偏完善。

第三章　行

②是否高效？各类会议原则上不超过一小时，每人发言重点说行动，少说对事情的理解和看法。上级负有让团队理解一致的责任，所有人都有在统一目标与号令的基础上正确理解的责任。

③参会人员是否合适？不能过多或过少，不该来的来了，该来的没来。

（12）无论会上还是私下交流，语言简洁明快、直截了当，三分钟之内把想法说清楚。不必看脸色，不管对方情绪，不怕说错，不怕分歧（分歧正是增进智慧的时候）。不要谈过多的"我的看法"。责任者（具体项目负责人或负责领导）要把问题追到底，敢于拍板、善于拍板。

（13）不仅敢拍板还要善于拍板，了解所有的信息、事先必要的沟通和征求意见、深度思考形成自己的方案，是大前提。

（14）一定要十分清楚你上一级的工作目标和整个工作的全貌，了解平行部门的工作情况，主动提供帮助和提出建议。高干既要立足本职同时又要打破部门概念，甚至可以对其他部门下一级员工的工作提出意见和批评，本部门领导应是欢迎的态度并教育所属员工也是这种态度。

（15）拿起表扬和批评的武器，表扬要真诚、到位、有引导性，批评要坦诚而有根有据、击中要害。两者都要出自善意的本心。

（16）把握规则、流程和特殊处理的平衡，优先把问题给解决掉，再来补缺和提炼总结。

（17）每天要求下属进步，对下属提出更高要求并要求做到。

（18）控制自己的情绪，警惕自己的经验（惯性），每天反省。

（19）要求直接下属带着他的下属一起工作。

（20）关注效率，每个影响效率的细小动作都要得到纠正（说话啰唆不简洁、走路看手机、上班迟到、提问题之前不思考方案、只让员工干活而不提效率的要求、不调动员工思考更好的方法、走路明显晃悠悠、办公桌面太过杂乱等）。

（21）禁止任何理由的对问题的"无能为力"，至少可以报告上司。

（22）从任何细节关注工作的改进，比如，客户打电话进来不满意但无法投诉，因为接电话的人不固定。可以要求客服接电话第一句是报告自己的姓名工号，等等。

（23）多想想我能为别人、其他部门提供什么支持，绝对支持兄弟部门，绝对支持领导，并且表达出来。

（24）任何约定的工作行为（上班、会议等），禁止迟到。

（25）统一思想，统一要求，动员员工，分享总结经验，讨论解决问题。

给下属

（1）公司不是家，是船。

（2）公司是工作的地方，咱们认识也是因为工作，当然因此结缘后有可能发展成个人友谊，我也非常愿意和期待，但如果工作没干好，其他一切免谈。

（3）不要猜，直接问。

（4）交流工作时，说话实事求是，是咋样就咋样，尽量用最简洁准确的语言去表述，不修饰，不渲染，更不要刻意隐瞒什么。

（5）表达要有唯一性，听他人的表达如果有两种以上的理解要提出求证，直到确认了他人的意思为止，而不是想当然地以为他人是某个意思。

（6）慎用代词（"他、那个"等),禁用副词（"大概、可能、也许"等）。

（7）口才来自思想。看得透彻、想得明白自然说得清楚，说不清楚就是没有想明白。

（8）用叙述语言表达自己，包括情绪；用微笑表情

第三章 行

面对他人，包括不公。

（9）尽量不犯错，不要怕犯错，犯错就认错，不犯同样的错。

（10）不要抱有"我把我的本职干好就行"的思想，事实证明只想把所谓"本职"干好的人往往干不好。

（11）要站在上司的角度看问题。

（12）没有小事。

（13）主动向上司汇报工作，不要等上司来问。

（14）上司布置的工作，要主动问清要求、达到的标准和完成时限（如果你是上司？你懂的），到时主动反馈报告，哪怕上司已经忘记了。

（15）对于要求办的事情，若有任何疑义均当面提出，当时无疑义而办理过程中出现疑义的，要及时汇报，由上司决定是否更改标准，而不是自己私下就做了改变。

（16）不要计较别人的态度，而专注于别人说话的内容，受点委屈不算什么。

（17）上司的脾气只有两种：一种是"恨铁不成钢"，一种是故意使出来要你重视，不要想第三种。

（18）我只说事，事完了就完了，不要牵强附会地扯出对人的评价，如果需要评价人，我会专门找机会当面交流。

（19）如果要说人的好话，那人可不必在场；如果要批评人，那人一定要在场。

（20）手机请24小时开机，一般休息时间我不会惹你，但我想找你的时候要随时能找到你。

（21）工作短信（微信、钉钉等）必复。

（22）你的专业必须非常精通，保持持续的学习能力和钻研兴趣。

（23）如果不知道，就说不知道，然后想办法去知道。

（24）提出一个问题前，想好三个解决的预案，至少两个。

（25）把发现和提出问题当习惯。

（26）做重要的事，不让紧急出现。

（27）学我的优点，我的缺点就不要跟着了，哪怕有时表现得像特点。

（28）汇报工作先说结果，若我需要和你一起分析问题时再说过程。我知道你完成任务花了很多心血，

第三章 行

不必表功,我都知道。

(29)人家发现了你那一亩三分地上的问题,告诉你,你马上解决了,嗯,不错,但满分只能60。你的问题被别人发现应视为耻辱,满分是做到极致,让别人轻易发现不了问题。

(30)要经常和你的下属、同事讨论问题,并鼓励和非常关注他们所发表的意见。

(31)除了财务和客户信息等保密性内容外,所有工作资料对所有人开放。

(32)请记住:①所有问题都有解决办法;②我承诺解决公司里的所有问题;③我是公司所有人的资源,你可调用;④所以,你能解决公司内所有问题。

(33)如果你老是把问题推到我这里,我会慢慢认为你不称职。

(34)对所有人微笑。

(35)总是心存善意和感激。

(36)不管何种状况,出现在公司就是精神抖擞的。

(37)任何团队里都有不可理喻的人,学会和他们友好相处。

（38）上司不一定是比你强的人，况且，是否比你强也不是你说了算。尊重他，努力超过他。

（39）把你和所有人的见面（哪怕是擦肩而过）都当作交流和自我推销。

（40）绝不说消极的话。

（41）不要逼上司惩罚你。

（42）如果你觉得可以，我不介意你觊觎我的位置。

（43）忙，任何情况下都不应该成为借口。

（44）再说一遍，保持学习状态。

（45）不抱怨公司的现状。我给你的就这些，你该想的就是如何做好。

（46）活儿干好再来提建议。

（47）要学会总结，光干活儿不够。会总结可以帮助你更好地干活儿，而勤记录就是会总结的开始。

（48）"雁过拔毛"，让每件事情的发生都产生正面价值。

（49）工作过程中有任何问题和困难，欢迎和我一起探讨及寻求支持；如果等我问你要结果了再来跟我说这样那样的困难，我就直接判定是借口。

第三章 行

（50）所谓负责，是指想办法把任务完成，而不是干不好了来承担责任和接受处罚。

（51）语句前带有"好像"，语句后拖个"吧"，或任何语气不肯定的表述，我直接封杀不听。

（52）工资不满意可以直接和我谈，我来帮你分析；确认要离职了可以直接和我说，我会提供方便。

（53）不撒谎！不必撒谎。

（54）不认为自己比别人聪明。

（55）对下属：成绩归大家，过错归自己，不管事实怎样。

（56）对上司：多赞美上司，所有能引起上司好感的事全部功归上司，这样做你不会吃亏的。

（57）在上司面前我会承担所有本属于你的责任，但我回来会严厉批评你。

（58）如果不愿看哲学书，就让"正反两面看问题"成为自己的思维习惯。

（59）一般来说，不会突然冒出一个从未共事过的人来做你的新上司，但如果现有人马实在理不出一个人来担任，也只好如此。

（60）可以不会，但不能不学，让我看到你的进步。

（61）你的头衔代表的是一个岗位，而不仅仅是职务。

（62）以职责为核心，不以职务为核心。

（63）细心体会你的感觉和第一个冒出的念头，但注意它可能会骗你。

（64）一个新制度推出的时候，连续一个月都要去检查，直至员工养成习惯。

（65）员工的流动迫使你要反复说很多同样的话，不要烦，就当是强调好了。

（66）去发现问题，解决不是难事。

（67）如果麻烦出现，就告诉自己：机会来了，它要么提升你的修养，要么锤炼你的能力。

（68）不要让下属定义你的能力。

（69）倾听一个事实时，注意剔除所有语言中必有的主观成分。

（70）公平是方法，而不仅仅是修养。

（71）没有偶然。

（72）不找借口。

（73）态度坚决，语气温柔。

（74）思想独立，行为合群。

（75）保持自我，兼顾他人。

（76）随时保持桌面干净整洁、文件资料摆放有序。

（77）签字笔用完即把笔帽套上。

（78）钉钉、OA、NC等各类工作软件上的事要当天处理。

（79）每天处理邮件。重要邮件内容另存文件夹，邮箱积存邮件不超过三条。

（80）电脑桌面文档不要超过10个。

"全员 CEO"运作模式要点

（一）一个定义

尊重和调动每个员工，以成长、成就为引领，让所有人都动起来而不仅是领导或领导分配，在领导"不参与"的情况下也能如常运转。让每个员工都用头脑而不仅是用手脚工作，让公司和个人都在工作过程中得到提升，让每件事都落到实处，效率翻番。

（二）两个目标

高效而轻松的工作。
（1）在少人化的前提下快速高效地运转业务。
（2）员工需求（工资、荣誉感、晋升机会、成就感、能力提升、被尊重等）与公司利益的统一，有利于团队稳定。

（三）两个认知前提

（1）团队记忆。铁打的营盘流水的兵，人可以流动，团队的经验要有积累。

（2）对员工的评价取决于团队发展水平。

（四）一个机制保证

建立工作透明度平台。

（1）全员的管理和服务氛围。

（2）所有的部门和人员之间的相互支持和团结协作。

（3）让所有员工都能用上全公司的资源。

（4）领导要成为员工的资源。

（5）问题的解决机制，具体包括以下两点。

①问题发现者：自己解决（直接处理、协调处理）与上报解决（报上司、报平台；如何报：问题内容、解决时限；关于紧急与重要）。依据以上理念的需要制定出的各项实施方案、流程及考核机制。

②领导：展现形象，承诺解决。

领导解决问题的不同层面：处理问题、反馈；反馈：结果或进度；奖惩与提炼；总结与管理追踪。

（五）三个实施重点

（1）明确岗位职责。

①明确岗位职责并互为A、B角，必知与应知。

②关注平行岗位与上行岗位。

③站在上司的角度看问题。

④分工的定义是划分职责而不仅是工作内容，分工即合作。

⑤以职责为核心而不以职务为核心。

⑥直线组织和职责核心的交叉运用。

⑦以发现问题为起点，以解决问题为目标。

⑧发现问题比解决问题更重要（问题的几个层次：具象问题、系统性问题、管理性问题、预见性问题等）。

（2）机构扁平化、人员精益化。

（3）领导者与管理者。

①领导是关键：责任心、包容心、自信心、管理技巧、个人魅力。

领导威信：职位权威和个人魅力。

领导：职位＋岗位。

领导工作：定标准、带队伍、管例外。

第三章 行

标准循环：标准、现状、差距、原因、措施。

②让每个员工成为管理者。

③从"总经理很重要"到"总经理最不重要"（隐藏重要）。

④所谓隐藏重要即领导的主要工作为：制定标准、建立机制、监督执行、提升。

⑤管理的充分授权（信任和掌控）。

⑥工资、奖金不是给努力工作的，而是给努力工作出效益的。

⑦区分工作和有效工作（不制造工作）。

⑧分清做对与做好。

⑨按要求工作，最多算合格员工（满分60）；优秀员工要有改善行为，每天要有5%～10%用意识工作。

⑩员工：你用尽了你所有的力量吗？

⑪干部：你是否让自己成为员工力量的一部分？领导要成为员工的资源。

⑫所谓负责，是确保顺利完成任务不出问题，而不是出了问题承担责任。

（六）好处

（1）形成团队记忆。

（2）从容应对人员流动（调动、离职）。

（3）对人的自动考核检验，利于形成人才梯队。

①严密的组织实施机制。

②数据的精密准确记录。

③设定相应指标。

④自动生成考核评比结果。

⑤节省考评成本，杜绝传统考核的主观随意甚至舞弊。

⑥其他手段辅助。

第四章 功

第四章 功

领导

"领导"可以是名词也可以是动词。

作为名词时它表示一个人在组织中的身份,企业中存在各种层级和各个业务部门的领导;作为动词时它表示一种特定的工作行为,有独特的行为特点和很高的职业要求。领导依靠他人完成工作任务,其工作的主要特点是不确定性,好的领导要善于提炼和总结。能否把领导工作做好并取得成效就叫领导力。

—— ∽∽∽ ——

杰出的企业家等于哲学家+政治家+实干家+教育家……

企业家必须是哲学家,表现为教育家。

企业文化就是企业领导者的文化。

真正的企业家,以品德和实干传播文化和价值。

刻意而为则能,修身而为则贤,为之而极则圣,

冷眼 一位总裁30年的行与知

率众共为则神。

什么是企业家精神的核心？无私！"非以其无私邪，故能成其私。"因为无私，所以才成就他最大的私。伟大的企业家可以"以众人之私，成众人之公"。"财自道生，源源不断"，遵循规律来经营企业，财富就会源源不断地进来。

不断地认知突破是企业家生存、成功的必要条件，必须随时保持开放、包容、学习的状态，同时有自己的原则坚持，还能时刻辨别彼此不能混淆。

有经验积累、有成功之道、有特别优势，而又总是对积累的经验、成功的道路和特别的优势保持警惕，时刻保持谦卑、克服惰性、与自己作斗争、不断提升自身心性的人，才算是真正意义上的成功者。

领导的两大工作，组织和激发。

激发是领导者的功课。不发疯，不成功，但要理性地发疯。

所有引领都在于激发和满足人的欲望，而成就感是人的根本欲望。

领导即激发人之善，管理即释放善意并驱使行为

第四章 功

的智慧实践。

卓越领导者依赖的是非物质刺激的精神力量。

给自己一点精神力量。

领导工作首先着眼于组织层面,建立、激活、优化组织运行。

领导力可以学习。

领导力是一个系统。

领导力就是相信力,最终表现为影响力。

领导力体现为影响力,源头是对影响力的关注。

领导力不仅是方法论,更是认识论。

领导力既可以操作,更应该体悟。

领导力的构成非常复杂,对个人和团队而言,领导力都极具个性化色彩。

职务权威只是带来领导力的可能,它并不必然带来影响力,个人魅力才是真正引燃它的东西。

领导力实际上是自我价值的肯定。

领导力在不同的团队、不同的层级上各有不同的体现,没有盲目统一的、不达成某种效果的领导力。

领导力人人都有,人人都需要有,并非所谓"领导"

专属。最起码，人要有对自我正确而强大的领导力。

领导力首先是自我领导的能力。领导要永远正向，从不失态。

领导力＝思维力＋判断力＋引领力＋推动力。

开放是领导力的第一品质。

要么前进，要么后退，没有停滞不前原地踏步；要么成为动力，要么沦为阻力，没有中间状态；要么解决问题，要么成为问题，没有独善其身；要么做出成效，要么失去价值，没有辛劳苦劳。

当你出现在公众面前时，你的领导力要么提升，要么下降，没有原地不变项。

每一次跟员工交流，要么提升了你的领导力要么降低了你的领导力，没有"保持原样"选项。

提到你的时候，可以根据你的下属最先冒出的三个词对你的领导力打分。

领导者应是自我修炼者，领导力就是对自己下手的能力。

领导力是自燃，因自燃而点燃。

领导人要燃烧自己的热血，然后洒出去！

第四章 功

领导力是指对"人"的领导力，就是要懂"人"，既了解人的共性即人性，也了解每个人的个性，这就叫"心里有人"，心里有人即情商高。所谓情商不够，实际上就是对人，尤其是对他人关注不够。情商不够根源是私欲太重，他们骨子里只爱自己，再往深里说是连自己也不爱的，因为不懂自己，因为不懂人。药方是"事上磨""炼心""去无明"。路径是由"有我"（"我"也是"人"嘛）至"无我"，再到"有我"。当然，情商和领导力不是双向单一关联性关系，则另当别论。

有些人我客气地称之为领导力不够，实际上是委婉地避免说他情商不够，而情商不够多源于自私。

人是有意义感的动物，对形而上的认知决定了行动的方向和力度。对这一概念的认知和处理手法决定了领导力水平，领导力水平决定团队层次。

企业的本质是人，企业的发展本质上是人的发展。

领导就是发展人。人，是最大的全域性市场。

卓越者都是对人性有极其深刻的了解并克服了自身惰性的人。

学习，观察，思考，影响，带动，激励，盘活公

冷眼 一位总裁30年的行与知

司最宝贵的资产——人，点燃激情，唤醒潜能，引领价值。

领导就是激发人。尊重和肯定员工，引导和支持变革，赋予工作意义。

领导，就是发挥人的无穷可能性。

能力是一种可能性，潜能无限。

消灭自己方能成就自己，革自己的"命"是企业家的真正特质。

一切革命的前提是自我革命，自我革命的前提是自我意识的革命。

变革自己，不要指望任何人。

公司最大的瓶颈是老板，老板只有不断革自己的"命"，企业才能前行，不革命就丢命。

卓越领导者要明白，最大的障碍是自己。要超越自己，"毋固"！

坚持，改变。坚持+改变，坚持改变，复归于婴儿。

努力不让自己成为别人的借口，绝不找别人作为自己的借口。

不要臆想，不要用虚假繁荣麻痹自己。

第四章 功

无论成败，改革者和引领者都是值得尊敬的。

"君子有三变：望之俨然，即之也温，听其言也厉。"这正是领导应有的境界。

初始，你要有自己的力量；往后，你要有穿透的力量。

只有逆境，没有失败。

有时，公正是对公平的修正。

不进步就是退步，没有所谓的停滞不前。苦劳从来没有价值，若不能转化为功劳，则其唯一的表现就是消耗了资源。

扛起多大的责任，就是多大的人物。

让问题和分歧呈现，杜绝猜测和腹诽。

到现场，到一线！

领导就是百变金刚，一切都是为了需要。

卓越领导最大的个性就是没有固定的个性，他不受任何经验和过错的束缚，一切言行的指引均来自"需要"。做必须做的事，而不是喜欢和愿意做的事，要么干脆把必须做的事变成喜欢和愿意做的事。

对"需要"的判断和如何达成"需要"，反映了领

冷眼 一位总裁30年的行与知

导人的水平。

真正的领导者能够深刻理解组织并自觉地、有意识地把自己的言行融入组织之中。他在组织中把个性和共性完美地结合在一起,共性是个性的底色,个性是共性的担当,"从心所欲而不逾矩"。

公正是方法,而不仅是修养。

信任是一种能力。

信任的基础是对于掌控的自信,这源于能力与格局,而这些都源于认知。没有人能逃出自己的认知。

领导人就是面对各种矛盾的人,解决矛盾的勇气和信心比其能力更重要。

领导人的两大高贵品质:胜利时的冷静,逆境中的坚持。

卓越领导人既不被感性左右,也不被理性掌控,永远在两者之间保持着接近美学的平衡;永远拥有超越利益的情怀和对人的悲悯,在具体管理实践中则是一个绝对理性的现实主义者。

坚决清除无法扭转的不和谐因素,哪怕付出代价。但在此之前,要付出足够的努力帮助提升,相信99%

第四章　功

的员工和员工的 99% 是可以培养的。

领导要关注：市场 + 现场，而不要：自以为是 + 自以为恃。

领导 = 人格 × 勇气 × 能力。

成就 = 思维 × 热情 × 能力。

定位准了，行为才对头。

没有目标，干啥都是瞎忙。

目标看得见，只是道路曲折，要无畏前行；目标看不见，道路若隐若现，也要勇敢行动，去做。做着做着，也许道路就有了，目标出现了。行动是一切的注解，抱怨和等待没有任何意义。

干成事需要二"心"。信心：相信一定能成，甚至"明知不可为而为之"；决心：为实现目标付出必要的代价，"虽千万人吾往矣"！

信心是什么？信心与"确保能完成任务"并不是完全等同的概念，更与说大话吹牛不同。信心来源于三个清晰。

第一，目标清晰。

第二，现有资源下能达成目标的比例清晰。

第三,为达成目标需要做的而现有资源不够的清晰:需要做什么?哪些资源不够?如何配置些资源?需要激发哪些要素和挖掘哪些潜能?这些都搞清楚了,就叫作"有信心",而不是以现有资源评估一定能干成才叫有信心,一定能干成的事还需要信心吗?信心本身就是最重要的资源。

解决了信心问题,剩下的就一个字:干,全力以赴地干!

从信心到成功的六座桥梁是:认准目标,相信潜能,管理基础,全力以赴,阶段庆祝,循环推进。

专家 = 专家 + 专家型思维的人。

非专业问题,不能让专家决策。

当专家的意见不一致时,需要企业家下决心。

领导工作的本质是依据目标作决策。

领导就是做决定!明摆的利弊傻瓜都会处理,难以取舍所以需要决策。要有鲜明的态度,及时终止讨论,要求行动一致,在过程中修正所有决策必有的弊端。

行胜于言,要去现场,去行动,去和下属一起解决问题,去做利他的事。

第四章 功

思考，但不要焦虑。思考是一种理性的力量，焦虑只是一种情绪的消耗。

最重要的那个事要亲自去干。

事情就只有唯一的第一次，再出现就是重复，重复的事情可交由经过训练的下属去做，领导不要瞎忙。

不要用瞎忙来安慰自己。

老板的"干"是另一种"干"。

领导该干啥？

一是画图（战略规划、愿景蓝图、奋斗目标、前进方向）。

二是打气（鼓舞士气、适当压力、培训员工、组织储备）。

三是送粮（搭好平台、提供资源、合理分享、树立标杆）。

四是护驾（体制保障、文化培育、监督考核、送暖解忧）。

领导要掌握决策权、评价权和解释权。决策把握方向，评价是手段，解释是文化引领。

所有的事情都会有多个方向的可能，人们也会有各个方向的解读，卓越领导者能洞悉人性，把人们引导到他希望的那个方向上，这既需要智慧，更需要长期的正直、人格魅力、被信任品质的积累。所以说，事情本身并不难，难的是聚拢人心；领导要管好自己，树立形象，这好比存款于银行，关键时刻才能拿出来用；做领导的过程就是修炼自己的过程，扩大一点说：工作就是学习，人生就是修炼，所有事情都是自我修炼的教材。

领导要以企业需要的方向解释发生的事，引导员工的认知。领导者的工作之一，就是给事情一个解释，阐释其意义和价值，并使员工相信这个意义的解释。解释可以从历史、未来、目标、价值观等方面，只要是你要引领的方向。而使人相信，则由职责原则的宣贯、领导人的魅力、团队的正气、个人和组织目标的融合等累积而成。既说事情本身，也要引发意义，作抽提基础上的提炼归纳。

领导力即影响力，说白了就是：你的言行传递出

第四章 功

什么信号？言行绝不止言行本身，言行是会被解读的。言行和对言行的解读可能不匹配，要主导言行解读的方向。

公司里只有两种人：领导者和管理者。员工是管理者。

卓越领导者要做的第一件事就是帮助员工找到工作的意义和价值，而不是KPI和奖惩。

所谓领导，就是做不确定的事。然后，尽力把它变得确定，交给管理者去做。

"不确定性"是领导工作的特征之一，领导要以具体工作的确定性去应对整体环境和形势的不确定性。

要习惯于不确定性，与不确定性共舞。对不确定性保持乐观。

无疑、无惧地付出且以为悦，在不确定中追求确定。面对不确定，自己要先确定。

所谓领导，除了做不确定的事，还要关注人，关注事情背后的意义和价值。

日野原重明说：医学是不确定的科学和可能性的艺术。这，也是领导的特性啊！医生可不就是领导吗？

关切他人，充满慈悲，望闻问切，引导述说，解决问题。必要时，动刀毫不手软。

透明、互通，一刻不停的能力突破。

从胜任力到创造力。

客观、理性、冷峻的思考；丰沛、感性、煽情的表达。

领导者必须成为未来的预见者和永远往上的牵引者，而不只是解决了来到眼前的问题。要在貌似没有问题时提出问题，要能提出针对未来的问题，要永远对现状不满足、不满意，无论对团队还是个人绝不容忍简单机械的重复。

德鲁克：让跟随者得到成长和发展是领导者的天然责任。

大脑开放，不拒绝任何声音，尤其是反对和批评的声音。

自疑不信人，自信不疑人。

反对观点≠反对其人，要学会温和的坚定。

领导者要修炼自己，还要让他人理解你的修炼，还要带着他人一起修炼，还要和他人一起通过修炼建立事功。所谓立功、立德、立言，"三立"完人即卓越

第四章 功

领导者。

所有不落实到行动方案上的讨论,所有不归因于己的结论,所有以考核为指挥棒的管理,均无效无益。

卓越的领袖总是既宏观又微观的,其依据是事情的意义而不是事情的大小。

卓越领导除了过人的精力和高效率工作之外,还要善于识别"微观"、选择哪些需要关注的"微观"是重要因素。卓越领导者总是能敏锐地发现有些微观细节背后映射出的对于未来、对于标准、对于全局导向的意义而加以关注甚至"小题大做"。貌似细节实则大事,貌似微观实则宏观。

提出高要求,当员工做到了,再提出更高的要求。

领导要善于提要求,没做到的要做到,已做到的要更好,"更好"无止境。这种要求是鼓励的、激发的、具体的、引领性的、循序渐进的、有行动支持的,而不是恐吓和简单粗暴"耍态度"。

严格要求员工,逼他们成长。

好的领导,要让员工每天上班都有压力,还要能把这压力转化为动力。这种压力不是"做不好会有后果的恐惧"和"因恐惧而缩手缩脚、畏首畏尾、无所适从、自信心递减、工作兴趣消失",而是面对挑战的兴奋和"必须做到"的强烈企图心、好胜心。

领导永远要知道"最好的"在哪儿,并明确告知下属。

不要轻易对结果表示满意,过程中有改善的可以鼓励。

真正的人性化是永无休止的提高要求、激发员工潜能,让他们最大程度地适应市场、组织和未来的变化,淡定从容地过好此生。

领导要不断地以各种方式让员工真正领悟并形成默契。

(1)还有更好的。

(2)你能做得更好。

(3)我一切的要求只为帮你做得更好。

(4)说事的时候就只说事,涉及评价人的时候我会专门当面跟你讲。

(5)不要在乎面子,把事做得更好就是最大的

第四章 功

面子。

（6）不要衍生和演绎情绪，不被情绪干扰，无论在被肯定和被否定的时候。

（7）如果你每天不是带着压力而来带着收获（成长和进步）而走，今天就是浪费。

站在足够的高度，站在多维的角度，去探究事物的真相，然后分析出"需要我做什么和怎么做"，而不是"我喜欢或习惯怎么做"，再决定"何时做"。对公司和组织负责，而不是对一己之私和个人的感觉负责。

平行领导力（也可称横向协调力）的几个关键点。

第一，基于职责。

第二，紧盯目标。

第三，有推动的责任和评价的权力。

第四，公开透明。

第五，文化和组织的加持。

领导要承担起决策和沟通的责任，并专注于机会。

领导自身要永不停止进步,不然自己就成了团队天花板。

领导如果不会引领下属,每个人都是你的天花板。

你的进步要跟上你的需要才行。

卓越领导永远关注目标,眼光越过所有抵达目标的障碍,用行动把它们踩在脚下。

所有成事的过程都是自我探索、自我完善、自我超越、自我修炼的过程,其他都是附属品。

没有什么比当机立断更快,没有什么比犹豫不决更慢。

"压力"不是"困难",有时候下属说"压力很大",实际上是说"困难很多"。"压力"是一种状态,一种"气",要去拥抱而不是克服和排斥它,而"困难"是具体的,是一定可以和必须克服的。

领导:①发善心,做"坏人";②心有猛虎,细嗅蔷薇。

领导人都是"坏"好人,是以做"坏人"的方式做好人。

第四章 功

卓越领导的过人之处。

第一，敢用在某方面比自己厉害的下属。

第二，能够授权下属并跟进进展。

第三，愿意培养自己的下属。

领导是下属的资源，要做领导者而不仅是管理者。

做领导的，要善于敏锐地觉察到下属的改善和进步，还要清醒地认知到自己的期待和要求，真诚地向下属表达出来。

表达的意义在于接受。所谓接受：一是理解，二是认同，三是行动。卓越领导者能贯通三关，推动到行动层面，直至效果显现。

组织效能提升不是 HR 的事，而是 CEO 的事。

决策是对决策者的检验。

做造梦者，而不是被梦想激励的人；做 leader 而不是 manager！

管好自己，帮助他人成长、成才、成功。

先干起来再说，在过程中修正。

每时每刻即事而学，方为学。

冷眼 —一位总裁30年的行与知

做事情只要把事情搞定就可以，做事业则要在处理事情的过程中，既要把事办好，还要考虑对团队、对未来的影响，以及当事人能力水平的提升和人性光辉的闪耀。

事是干不完的，先得把人弄好，通过事来培养、训练、磨砺、扶持人，搞一批人一起干，这叫"做人事"，一把手就是最大的人事、最大的 HR。把每件事都弄好了并不算好领导，通过完成每件事的过程培养了人，才算干了正事。

小事用脑，大事用心。

不要浪费每次危机。

"不让任何一件事白白发生"，成功了留下经验，失败了留下教训。从反方向总结出经验，这就是事情对人的价值。认识并实现这种价值，才是领导者最大的价值。领导者关注人，事不过是人的载体。人搞对了，任何事都是小菜一碟。

据说鱼的记忆只有七秒，如果领导不致力于形成团队记忆，跟一条鱼有什么区别？

正如每个个体的人都有记忆一样，团队也应该有

第四章 功

"记忆"。企业和团队是相对稳定的,岗位上的员工则具有相对流动性。领导者的一项重要工作就是要建立一种机制把员工个体工作经验和团队协同机制保留下来,成为继续前行的基石。要让工作在团队层面永远有经验的累积和优化的基础,使工作质量和效率循环上升而不是随着个体的流动而退至零点。人可以走,经验要留下。这就是团队记忆。

绕过知识,创造变革。

拥抱时代,持续创新。

要让所有员工有资源、有能量,全员 CEO。

当你做一个决定的时候,你的内在价值是什么?

你心里装着他人比自己多吗?

培养人的三重境界。

第一,生存的能力(财施)。

第二,处世的道理(德施)。

第三,豁达的精神(无畏施)。

跟一个企业高管聊天,说公司离职率高,我说:"他

冷眼 一位总裁30年的行与知

们出去都混得怎么样呢？"他摇摇头遗憾地说："都一般"。我说："他们出去没混好，你有过；他们出去没混好而你难过，还有救。"

看全部而不是局部，看动态过程而不是静态瞬间。

抽离与回归，是思维的两个点。

责任感→责任→自律→理性→平和→愉悦。

你简单，世界就不会太复杂。

先成长，再成功。

责任心，就是履行职责负责任，用"心"去做。

领导是关键，素养、胸襟、技能、信心等，最后拼的则是三观。

自身能力的增长，是最靠谱的依靠。

最大的挑战不是技术，而是心性，灰度、信任、激活、利他。

对于真正的领导者来说，具体的事情只是载体，一个承载价值、梦想和人才成长的"相"。他不会拘泥和沉溺于此，永远专注而抽离，不着相。见所相非相，即见如来。

其实，企业经营可以非常简单，是我们人为地把

第四章 功

它搞得很复杂。我们无端以偏见揣测他人，拼命地控制员工，拼命地防止别人多占我们的便宜，并为此天天在跟他们算账又讲理。结果，貌似赢了道理，却输了口碑。

我们总以为是我们的道理说服了对方，而经常忽视背后的权威、光环认可和对方的自觉放弃。

好的企业与员工是共生共长关系，雇佣军打不了胜仗。

愿景目标大方向正确＋老板焦虑＝成功前兆。由焦虑而淡定，既是公司成功的过程，也是个人修炼的过程。做事的成功实际上是做人（个人修行）的成功。

没有功劳就不要提苦劳，这样会让大家都白白操劳；没有现在就不要提过去，这样会让我们都没有未来。把工作当修行，学习新东西，警惕老经验，每天改善，时刻进步，跟上企业发展需要。全力投入工作，就是年轻的秘诀。

到现场请教员工，相信他们有无限的潜能。

什么叫关心，就是把与己无关的事挂在心上。

相信相信的力量！

冷眼 一位总裁 30 年的行与知

目标明确，动力足够，则潜力无限。
大胆去做。对了归你，错了归我。
看到缺点，用其优点。

第四章 功

经营

经营是企业里相对比较宏观的说法，但落脚点却是在一个一个的细节里。经营有点像游泳，讲得再好，不下水是不行的，总归要在水中扑腾呛几口水才有感觉，故不多说。

———✦———

经营企业即经营人，经营人心。"心"的落脚点在"价值"，实现价值的起点和终点都在于"利他"。

优秀企业最后谈的，只有人和经营哲学。

做企业的三重境界。

（1）卖出了产品或服务，挣了点钱。

（2）在业界、市场上有正向影响力。

（3）培养了一批人，顺便赚了点钱。

冷眼 —一位总裁30年的行与知

所谓的增长应包括两个方面：业绩增长和组织能力的增长。后者经常被忽视，而组织能力的增长正是持续业绩增长的重要基础，两者须交织融合同步发生。

提高组织效率，发挥劳动者价值，为解决社会问题作贡献。

企业经营的大智慧是维护厚道，尊重常识，返璞归真。

真正的商业，钱只是表象。

企业内部，都是成本。

企业改革最好的时机是在一片欣欣向荣的时候，而偏偏这个时候谁会去急着改革呢？这是企业家和企业主的区别，也是命运吊诡之处。

所有者（决策层）和经营者（职业层）的关系处理。

第一，按比例吸收经营者成为所有者，增加黏合度，降低信任成本。

第二，拒绝第一的情况下，必须有措施压缩两者之间的空白地带：①设立责任机构，赋予部分权限；②拒绝①的情况下，可选具备以下条件的人或机构居

第四章 功

中作用：一是忠诚；二是睿智、识缺补缺；三是有管理思想与务实作风；四是诤臣而识体、搭桥也铺路；五是有公心厉威和亲和力及由此而来的影响力；六是外圆内方且善修正定位；七是持续的热情和学习力。

企业家应当名义上反中庸而实行中庸。反中庸者，于具体事情，反"不及"而倡"过"，因"人心惟危"。行中庸者，于心于果于决，谓"道心惟微"。反中庸者，矢也；行中庸者，的也。

任何一个系统都包含三种构成要件：要素、连接、功能或目标。它具有适应性、动态性、目的性，并可以自组织、自我保护与演进。

对于一个系统来说，整体应大于部分之和，若运行不好则反之。

企业生存的要件。

第一，业务模型，盈利模式。

第二，远景，目标。

第三，员工成长，获得递增利益。

第四，机制。

第五，管理。

第六，领导者。

第七，文化氛围和工作环境。

第八，个人选择。

各要件互为前提或互为因果。

相信努力，不厌其烦，持续努力！

不过多期待，也绝不等待。

管理不能大于经营。

数据要及时准确，财务报表要转化为管理报表，财务管理要向管理财务、经营财务升级。

抓关键指标和重要节点，对照目标动态管理，持续改善经营。

场景，感受，模式跨越。区别顾客和用户；对丰富多样的意义和价值的认识。

为什么发生？趋势是什么？驱动力是什么？产品、技术、市场。

目标一定不是根据条件计算出来的，而是根据需

第四章 功

要设定的,需要打破限制条件本身去实现。

成功者说:"某件事我们做晚了,早些下决心动手就好了",这大都是自我的更高要求,其实行动了就不晚,实际上他大多走在同行的前列。

想做不用总是准备那么多,说开始就可以开始,一边做一边修正。等到你完全准备好的时候,趋势都过了。

不是很厉害了才开始,而是开始了才能厉害。方向大致正确,先干起来再说,在过程中调整,"打出来"的前提是要建立激情、学习、务实、纠错的文化和团队氛围,不犟不拧,不虚荣,不要个性,瞄准客户需求,一切以效果为准。

张瑞敏:只有时代的企业,没有成功的企业。只有时代的成功者,没有永远的成功者;而抓住时代的成功即可定义为成功,因为有限的生命让人们只能这么成功。

有人问任正非:"未来对华为的冲击是什么?"任正非戳着自己的胸膛说:"最大冲击是我呀!是我们华为人!是我们的成功呀!我们太成功了,我们的

冷眼 一位总裁 30 年的行与知

自是、自矜、自负、自傲、自闭就紧跟着来了，华为不倒下才是怪事呢！"我们还不成功的很多人，也会总是拿那些自以为是的所谓经验、信条和曾经取得的小小成就来自是、自矜、自负、自傲、自闭，可怕而可怜啊！

第四章 功

管理

在我的概念里,管理和领导是两码事,领导者确保"做对的事",而管理者则要"把事做对",即按既定标准把事做好。企业里要有两个定位。

第一,员工是管理者。

第二,相对于领导者而言,其下属是管理者,所以事实上企业里有一部分人是在两个不同的身份之间不断切换的。很多人并没有把二者分清楚,也由于习惯的原因,我们口中说出来的"管理",其内涵和外延是含糊不清和多变的,这没有办法,以至于我也不得不经常屈服,大家就其意而自悟罢了。

━━━━ ⌘ ━━━━

管理的终极三问。

(1)你是谁?管理。

(2)你从哪里来?实践。

（3）你往哪里去？实效。

管理，讲人性就好，离佛性尚远。

管理基于人性，随境或纵或逝。

管理是一门实践的科学，管理学是人学，管理的最原始逻辑是人性。

管理者眼里要有人。

人性很复杂，所以要简单以对。

管理就是洞察人性，激发人的欲望，然后去管理欲望。

管理的依据源头就是人性，管理者必须深谙人性、世事洞明，随时钻进去探究、躬身入局体会，再出来的时候则要有俯瞰的视角，知而不媚的定力。操作手法上则是激发和掌控两个方向运用自如，阴阳互补，有法而无定法，一切以实效为准，有的放矢。

管理源于人性，所谓"管理者关注人"，即指管理者必须懂得人性的两个方面。

一是作为人这个物种共通的特性，即共性。

第四章　功

二是作为人这个物种中某一个体的秉性，即个性。用共性解释个性，用个性观照共性。通达共性（所谓"人情练达即文章"）而不忽视个性，尊重个性而累归于共性（所谓"世事洞明皆学问"）。知俗不媚俗，清明不清高，俯视众生而乐活众生是也。

改变自己，影响他人。

管理无定法，管理有门道。

管理是观念而非技术，是自由而非控制。

管理之人：尽职尽责尽心；管理之事：合理合算合适；管理之功：效率效益效果。

好的管理，就是激发员工自我完善的力量，并用组织力把它放大。

管理即激发所有人的创新，而且由于常常被忽略的原因，要特别指普通员工的投入创新。

创新的定义：做新的事，老事新做。

管理者对人的"好"与一般常说的好人的"好"不是一个"好"。常人嘴里的"好人"一定不是个好的管理者。真正好的管理者为人正直、不偏不倚，把

冷眼——一位总裁30年的行与知

普通人的那种"好"压在心底，甘做"暴君"逼你进步，逼你拿结果说话。闹情绪，小心眼，玻璃心，不经折腾的，统统滚开！

自我管理是企业管理的第一步，认识自我是自我管理的第一步。

既要管理下级，也要管理上级；既要对上级负责，也要对下级负责。

思考上浮一级，管理下沉两级。

目标和达成目标的最高效率、最低成本和最合理有效的路径＞领导。不要让"领导"成为你的天花板，目标和职责才是你要去往的地方，其间的坚韧、智慧、胸襟考验人的段位。

管理是第一生产力，管理力来自领导力。

目标是什么？对象；目的是什么？结果。

瞄准目标，控制情绪，然后才是技巧的事。

反应过度和麻木不仁皆是恶。

做重要的事，不让紧急情况出现。

管理要奔着"因"而去，"果"就是自然的了。

已经发生的，就都不是个事；没有发生的，要都

第四章 功

当个事。

分工是分责任，分工的本意就是合作。

总经理最重要，又最不重要。在把自己变得不重要的过程中很重要。

如果下属频繁找你汇报，你就要注意了。可以把下属找你的事分分类：哪些是必须找你的，哪些是不必也不应该找你的，哪些是目前需要找你但需要经过训练使其变成不必找你的。

重要的是以下三个方面。

第一，不要沉溺于被下属视为重要和不可或缺的快感，对下属的汇报保持"警惕"。

第二，不要恐惧因被汇报太少而失去掌控，真正的掌控是站在后面看着下属成功，而不一定是和他一起冲锋，知道他的成功有你的影子就够了。

第三，你要有你该忙的事，不要把听汇报变成你主要的工作方式，心要"闲"而不"空"。

"谁污染谁负责"，这话有问题。一开始就不应该污染。首先是做正确的事,然后才是正确地做事。

非业务部门要有"三懂一心":懂专业+懂业务+懂管理+责任心。专业很精通,业务有研究,管理知人性,强烈责任心。

想要,就能。

态度也是一种能力。

只有可能,没有不可能。

不要想着说"不",多想想怎么说"行"。

知性,激发,疏导。

听未言之言,做未了之事;听未尽之言,做未了之事。

管理者以说话为职业,以评价为手段。说话是一门艺术,说之前你至少需要考虑六个问题。

一是跟谁说。你要说给谁听?他们是什么身份?对应的你是什么身份?如果听众有多种身份,他们共同的身份是什么?你主要说给谁听?

二是什么场合。是个别谈话还是大型会议、中型会议、小型座谈?

第四章 功

三是什么背景。个人的、工作的、市场的、管理的、日常的、阶段性的还是特别情形下的，等等。

四是为什么说。这次讲话你要达到什么目的？讲话结束你希望听众把什么带走？

五是说什么。列出重点，把握时间。往往前面几个问题想清楚了，这个问题自然就出来了。

六是怎么说。方法、技巧很多，多学多练自然会了。要注意的是不把自己（如我的习惯、我的喜欢、我的认为）看得太重，要根据目的和需要灵活变化。

孟子曰：以善服人者，未有能服人者也；以善养人，然后能服天下。

尔以何服？以势压服，以理说服，以情感服，以德化服，以能信服。

口服还要心服，心服还要行服，行服还要恒服，最终是要自服。

"行有不得，反求诸己"，所有不归因于己的分析都是废话。

争论和争吵的区别是：争论是为了寻找事实真相

和解决问题的方法,接受分歧并客观看待,理性表达自己,认真倾听他人,双方的目标是一致的,只是在达成目标的路径上认知不同,是所谓"和而不同"。争吵是为了维护自己的意见和"尊严"而部分甚至全部罔顾事实,忘记了交流的目的是要共同找到解决问题的办法,排斥、不接受不同意见,表达方式是情绪化的非理性的,最终导致的是对立增加,或"同而不和"。要争论,但不要争吵。心不在一起的人,无论争论还是争吵都毫无价值。

关注,不替代。

没做的赶紧做,做了的要做到,做到还要做好,好了还要更好。

做到极致,再思考如何跳出限制。

有时似乎不用死磕到极致,一旦找到跳出限制的阀门,立马事半功倍,这是又一层面的极致。但大部分时候,人们都没有做到第一步。也许两者是交错重叠的,两者之间的平衡,则是更高层次的要求,非大智慧大舍得者不可得。

全力以赴,自找出路!

第四章　功

成功来自改变，改变来自对人性的深刻认知和对自我惰性的克服。

你必须是你应该的你。

彼此成就，同修共进。

过程努力，结果接受。

如果你确认你已经朝正确的方向做了该做的，只要接受所有的结果就好了。

强者是做事的人，承担着做得多就错得多的风险。

刺耳的声音不是最可怕的，无人批评才值得畏惧。

辉煌是资产，教训更是财富。

头颅低下，腰杆挺直；位置看淡，不服就干。

有一种东西，你要时时用它，但老实说你还必须时时提防它，那就是经验。你既要依靠它，又必须抛弃它，正如婴儿出自母体，又必须离开母体。

越是才能出众的人，越有可能成为自己才能的奴隶。越是过去成功的经验，越有可能成为你继续前进的阻力。

经验一定要被消化，消化提炼过的经验才能用于

冷眼 一位总裁 30 年的行与知

解决问题，正如是食物所含的营养支撑人体所需而不是食物本身。在经验和需要解决的问题之间一般不存在简单的一一对应关系。

比经验更重要的是学习力，学习力可防止经验的偏狭，而萃取经验本身就是向经历学习的结果。

经验：可以判断，不可判定；可以依靠，不可依赖。

每个人的经历都不一样，这是区分人群的第一层面；经历并不必然地带来经验，这是区分人群的第二层面；经验是对经历的正确总结，此为三；正确的经验不一定都有用，此为四；正确的经验被总结和提升才叫知识，知识的本质也是经验，此为五。

小心你的经验，毁灭你的就是曾经成就你的。

保持警惕习惯的习惯。

看到一幅图片，我们会自动启动"脑补"功能，脑补的内容及判断来源是我们的经验。这是一个好消息，但同时也是一个坏消息，因为我们经常会脑补错误，原因也是经验。所以，运用经验，也要警惕经验，对经验要时刻保持审视的态度。

警惕经验，正好是"警惕经验"的注脚。

第四章 功

按老套路重复总是容易的，再勤奋也是懒惰。

正心正视。要懂，先学；要学，先正。

做事亦如写文章：豹头（开场气势信心十足又不失机敏计划，仔细思考，把握方向，信息掌控全面而取舍自如），凤尾（结果要漂亮，达到既定目标），猪肚（过程丰满，分量十足，内容充实，不断补充摄入新营养，该进则进该拉则拉，动态控制随时调整）。

找原因不是为了找借口，就算满身伤痕又何妨继续铿锵前行，自己才是负责自己的全部力量。

管理者：提炼出意义，引导对事情意义的解释。

不讲价值和意义，最直接的后果就是导致手段成了目的，为做事而做事，员工目光短浅、动力不足、执行不到位，组织上下断层、难以贯通形成合力。上下不同欲者不胜。

极致的聪明是简单。

企业管理就是要有把复杂事情搞简单的能力，而做研究的是把简单事情搞复杂，所以企业管理研究者脑子里要能同时容纳两种相反的思维，先复杂地深入

冷眼 一位总裁30年的行与知

进去，再简单地表达出来，在阴阳两界自由穿行。

最好的简单是真诚，"诚则明"。

既做管理者也做领导者，前提是分得清二者。

如果没有比管理更大的问题，那就是管理问题了。

思维不变，其他一切都是白扯。

哪有什么管理风格？管理从来指向实效。

评价一个管理者的水平就看他在"没事"的时候在干什么事。

那些因替代更低一层职位而忙碌的管理者，并不能给企业发展带来应有的价值。

管理者最大的障碍就是自以为是、自以为恃，要永远自以为非，即自省。自省才有改过，团队互帮改过，即责善。

永远做上司的助手，而不是对手。

如果你的上司不如你，你就更应该努力啊，这样你才能更快爬到他头上去。

再忙，都别忘了给自己留出静下来思考的时间。如果做不到，就"加班"思考。"加班"不是赶工，不是被事情追着，不是完成到期要交的作业，就是坐

第四章 功

下来思考，静静地无人打扰。慢慢地，你会自如地在上班时段给自己留出思考的时间。深度思考是极大的能量，很多人不曾体会，因为他们太忙了，忙得来不及思考，或以为自己在思考。事追着人，如同灵魂追逐身体，很可怕，他们本该、本可合二为一。

两种毛病要警惕：只晓得做事不注意做人，只晓得"做人"忘记了做事。

卓越是一种习惯。铲除平庸，一切以绩效为准。

从小的地方开始，干起来再说。高打低落，保持连续性和稳定性。

思考既要用"脑"，更要用"心"。事实可以用脑去看，而真相必须用心才能看到。

头上长个脑袋，就是要往前想到初心，往后想到影响，再分析正影响和负影响，取正影响大者。何为大？比照初心。管理亦如此：有时你能牵引一个人变得优秀，总归要去做使每个人都变得优秀的努力；即便差强人意，总不能失去温热的心，软化一点算一点吧。

承担起自身发展和工作成效的责任。

"守正"与"出奇"应是前后连接关系，而不是

冷眼 —一位总裁30年的行与知

并列关系，有时"守正"即"出奇"。

输赢不重要，对错才重要；对错不重要，需要才重要。

很多事还在路上，没有时间焦虑。

既要体察到从宏观到微观的各种变化，做个敏者；也要恒定地认知到在各种眼花缭乱的变化中永恒不变的东西，做个钝者。

只做事，肯定做不好事。

"那不是你的事"跟"那不是我的事"一样，贻害无穷。

可以想象，但不能以想象代替现实。

没有"应该"这回事。

"管理"这台车，只有D档和R档，没有N档，N就是R。

问题没有静止状态，不解决它就会产生更多的问题。管理没有零，只有正和负。

精益有标准，改善无止境。

标准的意义有两个：一是被执行，二是被打破。

第四章 功

必须要有规则,但规则又是用来改变的。

规则可以被打破,但如何打破规则有规则。

共性是个性的前提,原则性是灵活性的前提。先固化后消化再优化。对脱离原理、原则的纵容就是对规则、纪律的伤害,哪怕取得了效果也要严厉制止甚至处罚。

灵活性必须被规则和组织性约束,要么被说明是个案例外,要么因具有普遍性被正式确认纳入规则,绝不能因管理者的无能和纵容演变成事实的潜规则。

任何人对规则的完善均有建议权,这也是一种责任,但前提是无条件遵守,不得因规则的不完美而擅自改变做法。修改规则的权力在对应层级拥有权限的领导并须通过组织的形式。

不要试图用流程代替管理,不要一说到管理就是增加流程管控环节。管理和管控是两码事,把管控当管理是对管理的简单化、庸俗化、低级化、片面化理解,本质上是对管理的"人"性化理解不够。

目标根据需要设定,而不是根据现状评估。

冷眼 一位总裁30年的行与知

过程要全力以赴,结果则顺其自然。

搞技术、搞研究的人如果做管理,必须要有蜕变般的思维转型,这种转型实际上是人格的再塑造,是要脱层皮的,所以绝不能迷信大学里的企业管理专业和MBA啥的。管理源于实践指向实效,还是在实战摔打中学习比较靠谱。好在现在大学老师也不怎么认真教,学生也不怎么认真学,倒可能还有救。

善用管理决策,配给资源,在过程中达成共同目标,形成绩效。

没有"没有时间",只有"没有管理好时间",包括时间分配(分清有用和无益)、用时顺序(分清主次和紧急重要)、时间效率(提高技能减少单位事件用时)、时间拓展(管理授权培训团队)。

没有危机是最大的危机,最大的危机是没有未来。

会议80%要谈缺点、不足和失误,除非你的成绩和经验具有推广价值,否则不宜多谈。

把事情做到极致,就会有意料之外的情形出现。

宏观战略大致正确就开干,微观细节精准到位做彻底。

第四章 功

延"求真"（真实）至"求针"（针对性）。

目标明确，方向一致，行动统一，在过程中纠偏。

互信、互赏、互融、互补，大事可成。

头脑简单，不服就干。干，干出成效！

价值和实效是任何管理模式和方法论的正确朝向。

公司最贵的人不是工资最高的人，而是相对价值最低的人。

我只是批评了他，并没有得罪他。

走过去的挫折才是财富。

是竭力维护自己还是勇于自我否定，是检验一个人生命质量的标尺。

可耻的"自尊心"！

"喜欢"难得，"愿意"也行，"必须"靠谱，"应该"误事。

对于必须做的事情。

首先，你一定要找到一个"利己"的理由，除非你找到了一个不做的理由。

其次，不要担心被误解，因为那是必然的事。

最后，如果你担心和焦虑，就去做消除这种担心和焦虑的事。

请示过多，要么下面怕担责任，要么上面不懂授权。员工是管理者！

一个员工向我汇报工作，讲他需要我的支持："朱总，想请你帮忙。"我说："先把'帮忙'两个字去掉！"帮助下属解决问题是领导的本分职责，领导是下属的资源。

提问题、给方案还不够，还要分析各方案之利弊，给出你的倾向性意见。

"去管理化"要不得，要建立起基于认同的信任。

无论做什么事，都要对得起自己的良心；无论在哪里，都要给身边的人带来快乐。

制度性的激励会成为保健因素。

做好激励要用"心"。

AB角很好，但要警惕过程中的职责混乱和缺位。

管理就是不脱离实践的理性思考和高水准思考指导下的积极实践。在工具、方法和技巧之上，一定是

第四章 功

思维层次和修为境界分高下。前者即知行合一，后者即致良知。怎样知行合一？去做，用心做；怎样致良知？回归本真的善，简单，自然。

讲的是生产，其实说的是文化；讲的是做事，其实说的是做人；讲的是方法，其实说的是韧性和坚持；讲的是知识，其实说的是素养和灵悟。有一种工作方式，叫作轻松而高效；有一种智慧，叫作生活和工作的统一。知行合一，动起来！

管理者平庸是最大的问题。平庸的管理者是企业的大敌，而这些敌人可能正是企业自己"培养"出来的。

让不在场的人也能得到公正对待。

不与下属讨论其上司的非工作问题。

工作方法不能代替组织原则，不能用讨论协商逃避决策责任。

不要试图用会议代替决策、用流程代替管理。

真正的管理在看不见的地方。

足够认知、足够开放、远离舒适圈、足够坦诚，其中"远离舒适圈"是主观自觉，但人终难免有惰性；"足够认知"是相对而言的，因为"认知"会永远不够；

而"足够的坦诚和开放"可以弥补以上两点的不足。

若忙时未打胜仗犹可,则闲时不曾练兵难恕。

不确定性、常识、简单、灰度。

能力≠水平,水平也≠能力。

赚钱从来不会使人高尚或卑鄙,但赚钱的过程可以。

做正确而难的事,而不是熟悉的事。

统一号令也许有弊端,而各自为战的部分可能性正确,绝不能取而代之。

所谓统一认识,并不是在所有认知上必须一致,而是要在如何处置不一致上达成一致。

一切标准都只是相对合理,时刻不忘因时而变。

也许比"闻过则喜"更先要做到也更能做到的是:"闻异则喜"。

在管理实践中,倘能心平气和地去追寻真相,万般妙法自在其中。包容批判,"知常容,容乃公,公乃全,全乃天,天乃道",按常理办事,以常理去管理企业,回归本质,"道乃久"。

人是关键,业绩是基础。

第四章　功

以客户为中心，一线指挥机关要贴近市场。

贴近客户需求，杜绝一切浪费。

让听得见炮声的人敢于、善于、能够呼唤炮火！

打造简单！

简化，简化，再简化，把优秀人才放到第一线。

排队登机，安检口同时开了十几个窗口，人们的习惯是选择人少的队列。如果你执着于选择确定的最少的队列，你会因要搞清楚每队的人数且因每队人数处于不断的变化中而无所适从，或至少你要大致判断队列长短而略显犹豫。但如果换一种思维方式，因为所有人都这么做，总的来说各队列大致人数应该是差不多的，此时你并不需要做出什么选择，随便找一个队列排上就是了，快速高效且不会比别人晚。这就是思维的差别，这就叫"面对不确定的确定"，这就是行动的力量。

管理力戒"三子"："瞎子""聋子""傻子"。

所谓"瞎子"和"聋子"，就是看不见问题、听不出问题，挖不出表象下的真相，明明问题一大堆却

冷眼 一位总裁 30 年的行与知

不知道,视而不见,听而不闻。原因就是心中没有标准,不知道"应该"是什么样子。

所谓"傻子"有两种,其一是发现了问题,但能力不足,没有解决办法,面对问题一筹莫展,不知道该怎么做;其二是知道该怎么做,但因私欲障迷而生畏难情绪,瞻前顾后裹足不前,有时干脆得过且过做"鸵鸟",以侥幸心理自我安慰,或寄希望于奇迹出现蒙混过关。这种"傻子"有欺骗性,除了欺骗别人还欺骗自己,表现得像是个聪明人,实际上是个"傻子"。

药方:要有"虽千万人吾往矣"的气概,加"一真一切真,万境自如如"的智慧,再加上"事上磨"的修心大法。

管理科学可以复制,而经验是没有办法复制的。

科学管理必须搞清的三个关键问题。
一是科学管理与一般管理的区别在哪里?
二是为什么科学管理会比其他类型管理带来更好的结果?

第四章　功

三是把合适的人选派到领导岗位是最重要的，如果你已物色到合适的人选，你敢于授权他去选择管理制度吗？

要明确岗位职责。

当然要明确岗位职责，并且要持续为之付出努力；但同时要清醒认识到：①按岗位职责办事是管理行为而不是领导行为；②明确岗位职责是一个动态的过程，不会一蹴而就，也不会一成不变；③并不是所有工作都得等明确岗位职责后再做，岗位职责还不明确的时候也需要有一种机制和能力去解决，尽量总结规律，并将其上升为"岗位职责"；④并不是所有的岗位职责都能得到明确，总有一些事情会在彼时的所有岗位职责之外，需要运用文化和领导行为去推动完成，而文化形成本身就是领导行为。

关于职责的讨论。

第一，组织职责（职务职责、核心职责）要清晰，含规范清晰和指定清晰。

第二，承担职责者为达成目标而调动资源，其他人、其他部门全力支持，让承担职责者有力量。支持他人是当然职责。

第三，职责界定不突破直线组织架构，上司对下属的职责永远负有职责。

第四，工作信息透明，互相了解现状、动态及内在逻辑。

第五，基于共同目标和职业素养实现良好沟通。

第六，合理评价和传递评价。

第七，竭尽全力承担或支持，不断突破舒适圈。

第八，不能狭义理解职责，广义的职责不但包含"既定职责"，而且包含基于目标和任务的主动承担和上级下达的临时指令。

关于以职责为核心。

第一，一定要明确职责，每件事情都要有唯一负责人，负责人依据此职责开展工作。该负责人有时与直线组织重叠，有时不一定。

第二，所谓负责，就是要达成目标、做成这件事情，

第四章 功

纵向推动、横向协同，依此职责调动资源、统筹指挥、要求配合甚至启动问责。

第三，承担职责者在此职责下等同直线领导，其他平级、下级甚至上级配合者等同直线下属。

第四，公开、透明、协同、决策，以目标和客户为中心全线贯通。

第五，基于以上几点，谁负责将变得并不重要。

第六，明确职责而不囿于职责，领导者要对基于目标的（非）职责行为做价值判断。

确定负责人"三共识"。

一是负责人本人确认自己是负责人。

二是直线组织领导确认其为负责人。

三是各相关人员（配合者、团队）确认其为负责人。

劳动生产率最大化的四条原理。

一是科学划分工作元素。

二是员工选择、培训和开发。

三是与员工经常沟通。

四是管理者与员工应有平等的工作和责任范围。

给一个刚上任的年轻管理者建议。

第一,了解上司对你的期待。

第二,评估职场生存环境。

第三,与下属真诚沟通。

第四,不要急。

第五,与所有下属保持等距离。

第六,保持学习的热情,提升学习力。

思维模式和行为模式如何从事务性向管理性、经营性模型转变?

第一,挖掘隐于事中的目的和意义,而不仅是事情本身。

第二,关注事物间的关联度,克服线性思维,多用发散性思维。

第三,多积累,多做总结和提炼,由"一件事"到"一类事"。

第四,把以上三种思维往经营目标上靠,以终为始。

第四章 功

德鲁克：优秀的企业总是平淡无奇的。管理学首先是一种实践，管理者必须要参与实践中去。管理的本质不在于知而在于行，其验证不在于逻辑而在于成果。

将明茨伯格的管理学与阳明心学结合起来，才更圆满、更有魅力。

稻盛和夫的"六项精进"。

第一，付出不亚于任何人的努力。

第二，要谦虚，不要骄傲。

第三，要每天反省。

第四，活着，就要感谢。

第五，积善行，思利他。

第六，忘记感性的烦恼。

传统文化与企业管理有以下几方面。

第一，中国人都有传统文化的基因，不管你是否读过儒释道，思维和观念里都有其痕迹，了解传统文化就是了解自己。

第二，"开端即巅峰"是中国文化的特点，"天不生仲尼，万古如长夜"。了解传统文化要直接从源头读起，读"四书""五经"，读《道德经》，读《六祖坛经》，借助辅助工具，大部分人能读懂。

第三，"修身齐家治国平天下"是儒家士大夫的理想，修炼素养、积极作为、奋斗进取、有益于人类社会是其主基调。

第四，中国传统文化不仅蕴含人文知识，更是价值判断，可以启迪人的良知。

第五，《大学》讲格局，《孟子》养正气，《论语》育君子，《中庸》正行为，正念、正觉方得正行、正果。

第六，"知行合一"正解：知是行之始，行是知之成；知而不行，只是未知。知和行本是一回事，做到了才算知道。

第七，与人交流前自思：我是善意的吗？我能帮助到对方吗？对方能接受吗？

第八，人生即修行，而工作是修行的最好方式，每天遇到许多人、许多事，都是修行的最好教材，修行何必深山，何用禅坐？

第九，"立志、勤学、改过、责善"可作为企业

第四章 功

团队建设的良方。

第十，人人都有天赋潜能，能干成很多大事，变得比现在优秀百倍，只是被错误的观念、不良的情绪、无谓的干扰所误，需要拨云见日，破除"我执"，恢复本我，付出不亚于任何人的努力，自在功成。

第十一，世上有一种"轻松而高效"的工作方法，需要大开脑洞，学习和改变，《易经》之"易"就有改变、容易之意，只有改变才会容易。

管理者下达工作任务。

第一，要表述到具体的动作，清晰、明确。

第二，总是指向目标和结果：某项具体任务的结果；这项任务针对高一级目标的结果。

第三，时间节点和责任人：责任人要明确具体，要唯一；时限可由责任人提出，也可由任务下达者提出，要共同确认。设定时限的依据是上一级目标的要求和实现可能性，若两者冲突，以前者为准，时限一旦确定，剩下的就是组织资源，没有不可能。

第四，杜绝一切概念性描述和模糊性表达，禁用程度副词。

第五，任务下达者和接受者均明确任务的价值和意义。

关于执行力。

第一，执行力是指团队执行力，首先是指令发出者的执行力。

第二，要有可执行力的东西，即标准。包括形而上的企业价值观，也包括形而下的上级的各种临时性指令，当然临时性指令不能过多，那说明标准建立不足。

第三，执行力不行，就是管理者不行。

第四，最好是在理解的基础上执行，但理解不是执行的前提，边执行边理解，在执行中理解。

第五，只有自己同意了才执行，不同意就不执行即"选择性执行"，要不得。

第六，"绝对执行力"不是执行力，那是"庸俗执行力"即伯利克之所谓"消极服从"，"无条件的服从是最好的消极怠工"。

第七，当一个老板说到三个执行力不够的原因，

第四章 功

却还没说到自己时,我就能大概预判其真正的原因了。

执行力和员工稳定性是两个需要格外重视但却不能专此用力的问题,不能把症状当成病因,"功夫在诗外"。

做"三昧真人"。

一是求真:待人处事简单素直、坦诚开放,不做作、不掩饰,从善如流,有过则改。

二是较真:言而有信,狠抠细节,盯事到人,管理从严,执行制度不偏不倚,分析事例深入到心。

三是认真:用心、负责、研究性工作,对标一流,追求更好,不懈怠、不松劲、不找借口,不自我放逐。

以文化推动管理,在管理中形成文化。

真正的文化从来就是实实在在的。

文化形成,管理才起作用,效率才会提升,而效率是企业的生命。

关于评优。

一是评优标准：干得好，业绩突出（硬指标，拿数据说话，这是参与评选的基础）；能提炼出优秀卓越品质（分析取得成绩的原因，去除偶然性和客观因素主导的成功）；提炼出的优秀品质正好是团队引领的方向（对应名额限制，选取与现阶段团队倡导方向一致的参选者）。

二是一定要建立机制，倡导竞争评优。此时不需要谦让，而需要当仁不让，以确保评选出优中之优，因为优秀有标杆作用，不能拉低整个团队的评价标准。

三是对员工的评价取决于团队发展水平。

四是荣誉发布要隆重热烈，要有权威性解读和号召，后期宣传要跟上。

有两位知名企业家告诉我，他们吃西瓜从来不吐籽，理由是麻烦、费时间，且完全没有必要。他们都不约而同地考证过，西瓜籽吃进去毫无坏处，到时原封不动拉得出来。

成功是很多因素的组合，其中包含了很多未知的

第四章 功

原因，如机遇、缘分和天意，而失败只要一个因素就可以了。成功实在是一个偶然事件，而失败几乎是必然的，但这并不影响我们为追求成功而全力以赴，因为这个追求成功的过程也许正是人生的意义。所有追求成功的人都值得尊重，不管他最后是否成功。

团队

> 好的团队一定要有鲜明的组织属性，
> 打造卓越团队是领导者的重要工作。

企业第一要素：人；第二要素：组织起来的人，即团队。

企业从来就是成就人的，其他都是衍生品。

尊重人性是企业发展的源头和核心动力。

尊重他，就逼他成长。

团队建设：领袖是关键，合作很重要，过程中完善是常态。

组织绝不是简单的人数叠加。

首要的是强烈的恒久的责任感，一帮人，一件事，一条心。

第四章 功

何谓组织？

（1）共同的目标。

（2）足够的为目标达成而付出的动力。

（3）有信任的沟通。

团队力量部分来自个体个性的平抑，组织涣散部分来自个体个性的泯灭。要尊重和善用个性，也要控制和引导个性的发挥，不要被个性操纵。

"君使臣以礼，臣事君以忠。""礼"即规范，领导要模范执行规则，按规矩来，这是降低信任成本的最佳途径；"忠"即忠于职责，不是忠于个人，领导要做的就是把自己和大目标统一起来，不要让下属在二者之间做选择。

成功团队有以下几个特点。

第一，目标清楚，愿景清晰。

第二，坚信目标一定能达到。

第三，坚信达到目标的路径正确。

第四，对成功怀有持久而强烈的信念。

第五，相信遇到的困难都是暂时的和可以克服的。

团队成员相处，补位而不拆台。

带团队：感化 + 催化 + 强化，打组合拳。

各想其小必失其大，各履其职方成其事。

优秀的个人、企业、团体，从来把反思放在第一位。

最好的相处是彼此成就。可以有认知的偏差，不要有动机的偏离。

团队里一种很不好的状态是：因要摆脱控制，所以极力控制。

对员工的评价取决于团队发展水平，而团队发展水平取决于管理水平，管理水平又取决于管理者。

关于组织及组织中的人力资源：1+1=2，那是算术；而在组织语境中，1+1 如果不能大于 2 则一定小于 2。

组织认知产生组织行为，组织行为产生组织效率。

组织行为的基本规则。

组织中的个体，其行为的根本依据是基于职责：做什么事？为什么结果负责？向谁负责？明确了职责，

第四章 功

就明确了权利的边界，行止有度（度：标准、智慧、合理合适），止于至善。

职责范围内的行为自由和决定权自由必须得到充分的尊重和信任，这与其接受建议和辅导并不矛盾。

只有在上级干预的情况下才会发生组织原则覆盖岗位职责的情况，一般表现为"要求执行"和"终止履职"，这种干预也是基于职责。

谁职责所系，谁决定拍板，其他人跟进；如果组织干预，下级服从上级。

需要协调和达成共识，更需要命令和无条件执行。

以职责为核心，不以职务为核心。职责大于职务，职务是为了更好履行职责。

履行职责要解决问题，而不仅仅是提出问题。

非组织性协同（横向协调力，平行领导力）有效的关键要素。

一是认同：共同目标、共同利益、共同对目标利益的认知。

二是认可：品行、能力、获得帮助的感知。

三是基于职责。

四是公开透明。

五是有推动的责任和评价的权力。

六是文化和组织力加持。

请关注汪勇表现出的卓越的非组织领导力（汪勇，武汉的一个快递小哥，在武汉新冠疫情期间表现出惊人的非组织领导力，参见第三章《时代永远在奖励解决问题的摆渡人》一文）。

信任在组织中极其重要，如果信任没有形成或信任值与实际需求值不匹配，组织将为此付出成本。这种信任很多时候表现为正确的考量和合理的取舍，而不是对错。其实就是"舍"，愿意为更大的价值放下一些东西，哪怕这种更大的价值有不确定性，因为这是一种组织自觉，而不确定性正是领导工作的重要特征之一。

文化的形成和威望的积累很重要，不断阐释事情的意义和价值就是打造文化，而威望的积累则需要个人修炼和不断展示处理问题达成目标的能力。

第四章　功

规矩是用来打破的，但首先得有规矩。

只有当另一种更高的价值出现时，权变才合理，这叫管理例外；而且，例外管理之后应马上回归标准和规范，除非例外的频次增加已变成了常态，那就进行标准修改。

孟子说，生命大于礼法。（参见《孟子·离娄上》第十七章[1]）维克特（国际乒联主席）说："和平大于赛制。"[2] 规则、标准当然很重要，但规则、标准不是僵化和一成不变的。什么时候可以变（权）呢？当出现一种高于原价值的新价值时。而且改变规则的决定必须由有决策权的领导代表组织做出。

泰国皇宫旁有一条河，导游总会跟游客讲一个皇

---

[1]《孟子·离娄上》第十七章中淳于髡曰："男女授受不亲,礼与？"孟子曰："礼也。"曰："嫂溺，则援之以手乎？"曰："嫂溺不援，是豺狼也。男女授受不亲，礼也；嫂溺援之以手者，权也。"援：救援，用手拉。权：权变、权通。

[2] 2018年，国际乒联主席维克特回应对同意朝韩组建联队参加世乒赛的质疑时说："我们尊重规则，但这一决定的意义超越了规则，这是为了和平。"

冷眼 一位总裁30年的行与知

后在这条河里淹死的故事。有人问,皇后那么多随从,为什么没有人救她上来呢?导游说,皇后的身体是神圣的,除了皇帝谁也不能碰,只能用竹竿去救,没救上来也没有办法。这个故事出自《张维迎寓言经济学》,但别以为张教授讲这个故事是批评随从迂腐不知变通,他其实在借这个故事表达对经济学的信仰。张维迎教授认为皇宫规则的内在逻辑是:如果打破了这个规则,以后就有人为了碰一下皇后神圣的身体,故意把她推到河里。所以皇后的死是值得的,它保证了某一制度的纯粹性,反而减少了不法行为。

杜绝出现无可替代的人。

不要把"团建"搞成一个专门的活动,而是融合在工作细节中,专注、出成效、成就感才是团建的意义所在。

给团队中的领导者的几条建议。

第一,我们的眼界有时要超越上司,投到目标和成效的达成上去。一般来讲此二者应是一致的,这是对上司的考验,当然也是对下属的考验,尤其是当二

第四章 功

者出现不一致的时候。下属如何既尊重上司又合适地充分发挥上司这个重要资源的力量。能在这个过程中有所作为必定大大有助于自己的成长。限制我们的往往不是上司和通常规章等外在的东西，而是我们的思维。

第二，不要假设自己是完美的，不要试图去维护这种虚妄的完美。我们肯定不完美，我们会犯错误，要接受这个事实，而不是做很多事试图去掩盖它，甚至穷极一生去追逐完美的幻影。我们严格自律，全力以赴，但我们也要大大方方地承认我们的不足、困惑和无知，所以我们需要团队，需要帮助，需要互补。当我们变得如此坦诚，不再需要面具，彻底轻松下来，反而更有精力去解决真正的问题。

组织行为不等于职务行为，相反，真正的组织力恰恰体现在非职务行为的推动力上，即基于职责行为的被广泛尊重和不亚于职务行为（如行政指令）的执行力度，而领导者职务行为的重要工作内容应该去促使这种力量的形成（包括职责行为被尊重和提升职责行为质量），而不是沉溺于对直线组织中的职务、权力本身的迷恋和依赖。组织力包含了行政力，但组织力绝不仅是行政力，行政力应用于推动组织力的形成，而不是简单肤浅地直接替代组织力。

一个有战斗力的团队不是由一群聪明人，而是由一帮智慧人组成的。所谓智慧就是：

第一，对自己有充分的认知，知道自己的长项短处。

第二，坚信团队目标，清楚达成目标必然会有的困难，并为迎接困难做好充分的准备，其中一个最重要的准备就是任何困难不回头的决心。

第三，非常清晰地知道合力才是绝对的团队战斗力。

第四，为了形成合力愿意放弃"自己"，愿意把自己"削"成任意需要的样子，去补队友的"缺"，去合成一个"圆"，致力团队一起滚动而不在意自己处于何种位置。

你说的道理都是对的，但是，你不对。

第四章　功

人在团队中没有中间状态，不是正能量就是负能量。

内心强大和性格倔强是完全不同的两个概念。

不是知道，而是相信；没有世界，只有本心。

洞察，靠练；气场，得修。

看清现在的位置，找到未来的方向。

成功主导和应对了重大变化的机构和个人，一定经历了一次精神重生。

奋斗者必须有休息的概念，但不能有周末的概念。

哪有什么加"班"？生命就是一个"班"！

一个公司，从老板到员工都知道自己该干什么，这是一切的基础。然后只管去干就是了，好好干，用心干，琢磨着、研究性地干。

看员工吃饭的情形，就能了解这是一家什么样的公司。

做没有做过的事情叫成长，做不愿意做的事情叫改变，做你不敢做的事情叫突破。

所有的胜利，都是理想、情怀和价值观的胜利，失败则各有各的原因。

冷眼 一位总裁30年的行与知

做没做过的事,做难而正确的事。

在工作中,被误解或受点委屈算不了什么。

干不好就要被淘汰。

干掉平庸之辈,必须!

信任、激励、机会,让员工拥有值得期待的未来。

把握员工个性与工作需要的平衡、个人人生观和企业价值观的平衡,是团队管理者必须要做的功课。

让员工认识到工作是一场充满愉悦感的修行,不是为他(老板),不是为它(公司),而是为自己。

内部员工合作化,外部合作员工化。

在两个貌似矛盾的选项中找出灰色地带。

矛盾≠对立。

理解≠认同。

布置≠完成。

权力≠权威。

告知≠沟通。

考核≠管理。

授权≠放权。

管理≠领导。

第四章 功

职位≠职责。

经历≠经验。

员工稳定性和执行力都是伪命题。

培养老员工＋挖高人，但高人挖过来也要放到培养人的大锅里去煮。不过，锅要好。

优秀团队首先要解决"他干不好，你能把他怎么样"的问题。推他、拉他、培训他，逼他、压他、激发他还是辞掉他，就是不能"奈何不了他"。

想做我的朋友？可以，先把活儿干好。

你会主动找领导谈心吗？不为某个具体的事情。

平庸团队用"显能"，即，员工你具备什么能力，我就交给你什么职位。貌似合理。优秀团队更关注员工"潜能"，相信你具有暂时尚不具备的能力，创设机制帮助你开发你本有的能力，给你机会学习和验证你可能具有的能力。点石成金，逼你成功。

要把用和育、显能与潜能、企业发展和员工增值、安顿现在和放眼未来、引领影响和自我改变、雇用关系和合作共赢统一起来。

沟通

沟通是组织中最重要的工作方式，它附着了太多的东西，远非"沟通技巧"所能涵盖。如果让我用一句话来说沟通，"表达的意义在于接受"，把这句话理解透了就够。

表达的意义在于接受。

所谓接受：一是理解，二是认同，三是行动。

沟通首先关乎心灵，其次技巧才用得上。

沟通只有在目标一致和责任清晰的基础上才有可能有效。

沟通，是达到沟通目的的过程，而不只是做了沟通的事。

正确的话还要选择正确的时候用正确的方式对正确的人说，才有可能产生正确的意义，起到正确的作用。

第四章 功

让人接受你,然后再接受你的沟通。

沟通的目的大致有两种:达成共识,消除歧义。

与人交流时要做到以下两点。

(1)说出唯一性。

(2)辨识对方表达的非唯一性并求证。

把话说清楚;说干净,说完,不说半截话、含糊话、歧义话,不说自以为清楚实际上不清楚的话,更不说自己都没搞清楚的话。

要想说清楚,首先要想清楚。大部分的说不清楚是没有想清楚,与口才无关。

说话其实不是用嘴,而是用脑、用心。

你总能找到赞美的理由,只要你愿意。

所谓懂,就是识别他人的情绪。

当你想发一通议论时,请先给一个清晰的定义。

去掉"但是",禁用副词,少说"我",把所有的"你们"改成"我们"。

禁用疑问句和否定句式。

冷眼 一位总裁 30 年的行与知

禁用概念词，禁止一切浮在半空中的表述。

所有概念性、判断性或以副词、形容词表述出来的，都要深挖三尺，一直追问到动作过程；所有名词，都要问清楚此刻语境下的定义。

用叙述语言表达自己，包括情绪；用微笑表情面对他人，包括不公。

当有一个想法时，我们要学会去追问是从哪里来的？与哪些过往的经历及由经历得出的经验有关（价值观）？其他人会怎么看？他们的角度又会是什么？谁更接近真相？将所有正向和负向都排列出来，客观上哪种做法正向更多？如果不可逆转，我该怎样放大正向、消除负向？这就叫观照和自省。

了解自己，了解他人，了解了自己也就了解了他人，因为人类有共性，关键是去除过程中的情绪和本能干扰。

争论很好，但不要争吵。先倾听，把对方全部的意思弄明白，不要把人家的一截拿出来当靶子。控制情绪发泄和表达、表现的欲望。

陈述问题时只说事实，不要掺杂观点，不要脑补

第四章 功

画面,不知道就说不知道。

如果有人想告诉你一个判断或结论,你一定要去追问他的判断或结论从哪里来的,然后自己去判断和下结论。

有效沟通是组织三要素之一,但沟通是成本,且客户并不为企业内部的沟通买单,他们是以企业内部的绝对信任、默契和一致行动来定位价值的,他们只接受企业内部沟通的零成本。所以沟通是必需的,但不是理所当然的,所有人都应在致力有效的沟通中更加致力于无须沟通,规则、文化都在此范畴。

即便是成功有效的沟通也是成本而非价值,客户的预算清单里不会有这项支出。

沟通和协调是必要的,但追求卓越的领导者要清醒地看到沟通本身并不产生价值,沟通的本质是一种消耗,是成本付出。可由此认识到标准建设、心性磨砺和打造文化的重要。

最昂贵的成本是信任成本,最有效的沟通是无须沟通。

"常笑无敌命不差",表情越丰富的人情商越高,

冷眼 一位总裁30年的行与知

且乐观善良有幽默感。

让我们嘴角上翘,用微笑对抗地心引力带来的面容衰老,也用微笑释放善意,与世界和睦相处。在你对别人的微笑里,也会看到世界对你微笑。这样美好的特权,何必吝啬!

讲"什么"的时候一定还要讲"为什么",尤其是出现转折、调整、改变的时候。不要害怕说明"为什么"的时候可能遇到的挑战,这正是所需要的。

事情的发生是客观的,对事情的解释则是主观的。事情从来不止事情本身。同一个事情,可以有多种不同的解释。

多送出掌声,会收获更多喝彩。

三种东西最值钱:①愤怒时的微笑;②逆境中的坚持;③我很强大,一巴掌就可以拍死你,但我不拍,我跟你讲理。

"放心吧,只要你对我好,我一定对你好",这话有问题。

小帅哥黄梓晋,同席宴饮,我问他读几年级,答:

第四章　功

"三升四",如此简洁、清晰、精准、干脆的回答,立马把我雷倒了。

第一,年龄摆在那呢,不可能是初中、高中,"小学"俩字直接省了,没毛病。

第二,正值暑期,我问的是静态,他短短三个字的回答却是动态的,直接补充了我提问的不足。三年级结束了、九月份开学就是四年级,用动态表述静态,够准确。

第三,我问过很多大、中、小学生,一般都是静态的非唯一性的让人听不准的回答:二年级、初一、大三之类,没有考虑暑期特别时间段,是即将读二年级呢还是已经读完二年级马上要读三年级呢?

第四,碰到个别好一点的表述:现在读完二年级,开学就读三年级了。这已经是动态描述了,够清晰精准,但不简洁。

第五,"三升四",我找不到比这更精准而简洁的表达了。

所有人说话都有其背景和前提,一般人不会说出来，但高明的倾听者要听得出来或设法求证。

很多人只是在一起说话，而不是在交流，更没有在沟通。他们在各说各的，他们以为是在交流和沟通，甚至还以为沟通好了，更可怕的是还以为沟通得很通畅。

要把抱怨和陈述问题区别开来。抱怨是一种无力感的情绪，而陈述问题是理性的，尽管也不一定有答案，但它是一种客观的呈现。高级的问题陈述还包含研究、思考和可能的解决路径，甚至还有判断和决策分析。抱怨者往往先决性地把问题归咎于他人，因为无法掌控他人而产生无力感并心生怨恨，丧失了自我反省的机会。抱怨者的目标指向往往是他人而不是问题本身。知怨而怨倒也罢了，可怕的是很多人明明是在抱怨却自以为是在陈述问题，这种情绪迷障、错误归因和目标偏离导致离本心越来越远，在问题之上又累加了一层问题，使解决又增加了一重难度。抱怨是最普遍而又最要不得的情绪，它甚至会导致自我麻醉，好像抱怨一通问题就解决了似的。

最糟糕的是抱怨，最可贵的是反省。

第四章 功

问题

我常常想象一种场景：我在前行的路上，遇到了一个"问题"，他面无表情地看着我。我却暗自欣喜：机会来了！我很开心，微笑着跟他说：幸会。

于是他也放松了戒备，慢慢向我展示他准备送给我的礼物。

———— ✦ ————

如何看待问题？这是个问题。这个问题与问题本身无关，不解决这个问题就会是一个问题。

问题本身不是问题，如何应对才是问题。

问题的背后是人，人的背后是自己。

问题是生命的标志。斯世，所有人都有他要面临的问题，或大或小，每个人遇到的问题都与他的生命状态相当，这叫"孽"，人总是要消自己的"孽"，消完了才能往生，所以众生平等，所以不必仰望与傲慢，所以对待问题的态度决定了问题的解决方式。平和、平常、平静,不恐惧不抱怨,解决问题的能量就会出来,"吾性十足",问题就不是问题。

你为你的问题做了什么?问题的答案是行动而不是想法。想,总是问题;做,才是答案。

用纯净的不带偏见的眼睛,直视问题!

问题来了,应该高兴。生活每天都在送出礼物,所有礼物都有一个叫作"问题"的包装。拆开包装,解决问题,拿到礼物。问题来了,亦应欢喜:礼物到了。

如果一个信息或一段经历严重违背了你的思维和行为习惯,让你很不适应或很不舒服,这后面也许隐藏着一个重要的机会。

解决问题的难度不应成为不解决问题的理由。

不要浪费一场好冲突,先假设双方都是对的,然后整合。

解决问题,并在此过程中培养人,所谓"事上磨"是也。

下属岗位的空档期,下属能力的缺项,领导补上,先解决问题,在解决问题的过程中培养人。

第四章 功

　　培养人和拼业绩是一回事，不存在平衡的问题。

　　问题解决不了，一定是能力不够。

　　最大的问题就是负最终责任的那个人。

　　分析所有问题，都必须到管理上、到主观上、到"我"上，否则都没有意义。所有事，原因不找到自己头上，就不算真正找到了原因。

　　压力应来自如何解决问题、如何落实行动、如何检验效果的过程，而不是对结果的担忧。对结果的担忧是徒耗精力，没有多大意义。所以，"仁者无忧"，所以"智者无惑"，因无忧无惑，所以"勇者无惧"。所谓"无畏施"，此即是也。

　　此生斯世，各类大小不一、来路各异的问题必不可免，最好的应对是强大自己，增强对各色坑等的免疫力，直到明知前路是坑也能一笑而过。

　　最令自身强大的是公，公以天下为心，焉能不强？公生明，明生智，智生力。

　　问题溯源：三分之一文化与意识，三分之一制度、规章与流程，三分之一素养与习惯。问题的成因比问题本身更重要。

冷眼 —一位总裁 30 年的行与知

会议是为了解决问题,但会议本身并不解决问题,它只是解决问题的一部分,所以会议不能太多,每次会议不能太长。领导者的领袖权威、责任担当和高效决策,以及严密的组织性和执行力是非常重要的,这些都要成为会议的背书。不然,会议不但不能解决问题,反而会制造出许多问题,其本身就是个问题。

生活中我们以为"无法做到"的难题,其实往往是被自己的预判吓倒的。

很多时候,真正让我们感到为难的不是问题本身,而是我们自己尚未开始就已经退缩的心。

为解决问题所付出的正确行为、效率和效果决定了成事的质量。解决之前先要有解决的动力,要有动力先要分析动力缺乏的原因,先诊断,后诊治。

问题及问题的解决总是表象而肤浅的,过程中隐含的个人和团队价值才是管理者最需要关注的。

陈述问题时就只说问题,不要带情绪,不要带判断,不要带结论,不要带责备,甚至不要带方案(那是下一步的事);要表述精准,要数据准确,要理性平和,要纬度多元,要致力解决。

第四章 功

瞄准目标（效果），心无旁骛。既要立足角色，又要跳出角色。不要患得患失。有得失心，即无正心。

很多企业是领导不足而管理过度，当然，更多企业是领导与管理都糟糕透了。

自己的问题必须自己解决，只有调整思路才能解决问题。既要名师指点，也要贵人相助。

PPT只是工具，不能变成你的依赖和牵引，PPT一定是为表达你的思想服务的。一个检验的标准是：如果你的表达离开PPT就无法进行，你就是被这个工具掌控了，得赶紧惊醒。就像汽车方向盘居然要指挥你去哪儿，不是搞笑吗？

冲突是埋在地里的"黄金"，你得有勇气去挖开那厚厚的"冻土"。要让冲突产生价值，不然就真正是浪费了口舌，徒耗了精力，消遣了友谊。

坦诚表达不满，不带情绪。

杜绝"肚皮官司"，不要让对方猜，不要寄希望于自己没把话说干净而对方居然能懂。

可以讨论，必须改善。

不要怕问题，不要怕争论，不要怕观点不同，这

冷眼 一位总裁30年的行与知

是协调沟通的起点。

先学会尊重和倾听不同意见，保持耐心和克制，用心去理解他人的不同意见，看一下跟自己的不同在哪里，思考对方意见的来由和合理性部分，再共同找到融合双方意见的最佳路径，即所谓"第三条路"。在两条不同的路径之间，永远有第三条路。

矛盾不等于对立，矛盾正是增长智慧的契机。

让问题和分歧呈现，杜绝猜测和腹诽。

相信你对他的态度就是他对你的态度。

回避矛盾其实是回避自己，不想面对自己的人绝对无法面对他人。

人生，就是在矛盾的旋涡中认识自己。工作、生活，及所有的一切，都是一个矛盾生产车间而已，盛产鲜活的教材，是你认识自己的镜子，免费取用。

有一种人，按自己意思来，就热血沸腾、废寝忘食拼命干；意见没有被接受，就消极怠工、自怨自艾甚至从中作梗。这人是个大问题。

会提出问题，就成功了一半。

解决问题六品性：坦率、信任、理性、真诚、自省、

第四章 功

启智。

面对问题的"六心态"。

(1)我们遇到了一个问题(正视这个客观事实)。

(2)这是我们共同的问题(不推诿,不预设是谁的过错)。

(3)遇到问题是正常现象(平心静气接受)。

(4)既然是我们共同的问题那就一起来解决。

(5)所有问题都一定有解决的办法(坚信)。

(6)问题解决了,我们就又进步了,所谓进步就是解决问题,问题是来帮助我们前进的,而不是来阻碍我们的。

解决问题三部曲:原因、措施、落实,其中重在原因,难在落实。

首先是原因:要找到真正的、主要的、本质的、深层次的原因,也要找到直接原因。要归因于己,所有原因要归结到"我",因为这才指向行动,改善改进改革的行动。把自己作为行动的原点,这才是最易起步、符合规律的,才是指向目标、以终为始的,才是圆满自洽的。

其次是措施：真正的原因找到了，措施一般就自动显现了，此时的关键是继续明确路径和方法。措施要落实到具体行为动作上，不能空。此两步可合二为一，达到原因精确、动作准确、目的明确，动作的目的和意义为动作本身所加持。

最后是落实："知行合一"最难。知道与做到是两回事，只是知道实际上是"不知"。此中有洞知、激发、组织、坚韧、灵动，既宏观又微观，既战略又战术，既全局又细节，既顺大势又善修正，既埋头走路又抬头看天。"落实"的要害是"到位"和"目标"，"到位"即做足、做够、做好，达到要求，"目标"就是在"做好、做对"的同时，不忘"为什么做"，定住正见，不被任何欲望偏见所迷惑。

你取得了什么样的成就，就会遇到什么样的困难；你遇到什么样的困难，就会取得什么样的成就。各人的"业"都是要还的。

很多人嘴里的"压力很大"，实际上是在说"困难很多"，困难多怕啥？解决就是了。

第四章 功

很多时候以为的无能为力，实际上是没有拼尽全力。

你是奔着解决问题而去的，在问题没有解决之前，任何东西都不能成为你停滞不前的借口，尤其包括那些世俗中被认为无法逾越的东西，如上司（权威、老板）、经验、恐惧、患得患失等。这世界上的所有问题都有解决之道，暂时不能解决只是因为智慧不足，而大部分时候的智慧不足只是一种假象，其实质是真智慧还没被启动之前就被自己否决掉了。

接受现实，直视真实的困难，不回避、不躲避、不逃避，不动情绪、不做鸵鸟。这些都是为了解决问题、超越困难、达成目标，而绝不是寻找借口自我安慰。

无论一个问题多复杂，如果能以正确的方法去看待，它都会变得简单起来。

把"难题"分解成一个一个小任务，一关一关去闯，请相信，只要你用心浇灌，梦想之花自会结果。

去解决问题，包括解决问题的过程中需要解决的问题。

不抱怨，不找借口。

培训

好的企业应该像一所学校,让员工每天在这里学得新知识、增长新能力、养成好习惯、赢得新机会、获得成就感。培训也不应该只在培训室,更多的应该在各个具体岗位上,上司是下属的教练、老员工是新员工的教练、有一技之长者是暂时不具备此能力者的教练。个人品质训练应贯穿于技能培训全过程。用教练培训的模式成果来对冲必然的员工流动性损失,好的培训效果也必然增强团队稳定性,降低流失率。

经营企业就是培养人。

培训应成为一种工作模式。

企业与员工之间单纯的雇用关系早已过时。

学习力就是竞争力。

孔子曰:富之,教之。企业让员工获得收入的同时,

第四章 功

一定要让员工获得成长，成长的表征之一就是能力增长。员工能力增长了，需要更高的薪资和更多的展现能力的平台，就用文化和发展去匹配，这就是当代企业和员工的良性关系，梯次前进，交错上升，共同发展。

企业不是学校，但它与学校的区别只在于学校以培养人为目的，而企业培养人是为了派上用场。培养人不管是作为终极目标还是达成路径，总归是要好好去干的事。从某个角度上讲，它应该是企业领导者的主要工作。

什么是真正的好老师？真正的好老师一定永远在学习，好学生才会成为好老师。

做老师也是做学生。学生：学习的人，这是我们一生的职业。学习，学习，不是在学习，就是在去学习的路上。

培训是一种学习，但学习绝不仅是培训。

企业培训不是学习知识，而是训练知识的组合和运用能力。

真正的培训在实战。

培训是浓缩的人生，教室是修炼的道场。

冷眼 一位总裁30年的行与知

只要没有停止学习和改变，就不老。

学习能力即持续自我完善的能力。

人生就是一个学习的过程，工作就是最好的学习。工作之前的学习，只是为真正的学习打基础。

我说的肯定没有我想的多，你听的肯定也没有我说的多，但你想的可以比你听的多。

培训一定要有个消化的过程。

"种菜"的"菜"和"吃菜"的"菜"，不是一个"菜"。

做饭的女人多，但大厨多是男人。培训是一门专业，需要潜心研究。

在知识和功效之间建立链接，是现代教育尤其是成人教育者的必修功课。推而广之，也是管理者应重点关注的发力点。

最需要培训的是掌控者。

仗怎么打，兵就怎么练。

讲就是学，教会他人是最好的学习。

你决定你自己。你必须拥有很大的福德，才能遇到那个把你唤醒的人。事实上，即便你遇到那个把你唤醒的人，你是否愿意觉醒也是一个问题，有不少人

第四章 功

觉得睡觉更舒服。有些人找老师并非为了觉醒，而是为了睡得更舒服。即便你遇到了有伟大证悟的老师，他也不可能魔法棒一挥你就证悟了。因此，你需要更大的福德，才能按他说的去做。你需要极大的福德，才会在自我被挫伤的时候不会跑开。一切由你自己。

分析问题要精准、科学，滴水不漏，表达态度、强调问题则不必追求完美，肯定、坚决为要。二者结合，阴阳两面兼具者，可成大事。分析问题时粗枝大叶、说不到点子的人，表达观点时含糊其词、拖泥带水的人，若是关键人物，要通过培训促其改变。

言各有义，且自证悟。

工作时说话不能只是为了说，要审慎思考；生活中说话有时只是为了说，听过就好。

"交"的学问：交往中交流，交流中交心，交心才有交情，交情促成交易，最后对人对己都要有交代。

台下一大群人，你不知道点醒了哪一个。说了一大堆话，你不知道哪句在心里炸了锅。有时你很用力，似乎没收获任何成果，却在某个不经意间，某人说是你改变了他的生活，帮他找到了自我。

冷眼 一位总裁30年的行与知

再忙再累,各类讲台还是要上,大课小课还得讲呀,就只为万千人群中的那一张笑脸,就只为不知哪里送来的那一朵鲜花。

每次上课,总会有几双热切的和高冷的眼神,好的培训师都要照顾到。与热切者互动,感染或牵引高冷者。某日,有两个高冷者一直在我的余光中,分别在课程结束前约35分钟和30分钟绽开笑脸。

讲外行听得懂的内行话。

听课的六个层次。

(1)只是听听。

(2)认真听了。

(3)用"心"听。

(4)结合实际去印证领悟。

(5)马上行动。

(6)反复行动,持续行动,行动中不断完善。

做布施者,给予他人能量。

有时你平常的一句,自己都不甚满意,却点醒了

第四章 功

一个人。有缘人总不会错过。

曾到许多地方讲授"工作就是修行""领导即修行""警惕习惯"等课程，也常讲"生活就是一种修行"，然出离之心修而不得，但对于听众，倒未必没有效用。阳明先生曰："要做个凡夫俗子，方传得真法"，三界穿行，各有其妙，觉人须先自觉，不以虚妄糊弄自己才要紧。

讲授者不重要，听众才重要，你首先要问自己是不是一个很好的听众。我只讲通理，听进多少和怎么应用那是你自己的事，搞好了那是你的事，跟我没有关系，搞不好也别怪我，我讲过的话是出门就不认的。教授只管讲，企业家只管落地，其间的悟性禅机和心性磨炼那就看机缘了，各人为自己负责。

只是把培训当作一项工作，还是塑造人？如果认为只是一项工作，走完流程就好，无非是走流程的质量和熟悉程度而已；如果为了塑造人，则要关注课上课下学员的表现，有意识地加以引导，同时注意教练自身行为的导向示范效应，与培训内容同向匹配。同样的问题也需要决策者来回答，如果只是一项工作任务，出色完成就是了，选择有熟悉度和足够知识面的人来做即可；如果认为培训担当着塑造人的使命，则必须请学识见识威望持重者担当，得一将而抵千军。

脑子里没有那种概念的人，缺那根弦，你去教他方法和技巧是无用的。这"概念"，这"弦"，就是对事情意义的认知。必须先把这种认知"种"到他的脑子里，然后再教方法和技巧才有用，这样的教法才不会教出"木偶"，才有点化的能量，释放出心灵的自由，即是那原生的"道"了，遂生一生二生三生万物。如何"种"，是大学问。

"全员CEO"（作者研究设计的一种企业高效运行模式，第三章有具体要点）的两个支点：透明的工作平台，教练的工作模式。

能让战略实在落地、能让"忽悠"凝聚人心的，恰恰是管理。管理的至要妙方就是领导梯队，即教练式管理。

教练不仅是一种文化，更是一套可操作的方法。

教练思维才能解决管理问题。把工作当学习，把一项项具体的工作内容当作培训员工的鲜活教材，就

第四章 功

能重新找到付出与收获平衡的准星，行动自如而收放有度。

不要指望围绕一个问题猛"敲边鼓"而对方就理解了你的意思。直接说出来。在此之前要为能直接说话创造条件。

尽管有系统复杂的招聘流程，但由此就认为选进来的员工必定必须可用能用，想当然地认为他应该为职责负责，那是极其肤浅而幼稚的。能力适配和文化认同是一个永动过程，即使最高质量的招聘也只能认定履行职责的可能性而不是必然性。

哪有那么多好用的人等着你用？下属不好用是因为上司无能。好员工都是培训出来的，而不是招聘进来的。严把招聘关，但不要依赖招聘挖人。

刘永行说："带领一帮三流的人干出一流的业绩才是水平。"刘永行首先是把三流的人变成了一流的人，然后才干出了一流的事业。资中筠曾说："把差生培养成好学生才算本事。"我也常说："把一般的员工培养成好员工才算厉害，哪有那么多现成好用的人给你用？"

冷眼 一位总裁30年的行与知

好员工的四种品质。

一是聪明：学习能力强，凡事积极想办法并且总能找到方法。

二是皮实：无玻璃心，经得起批评，钝感力强，愈挫愈勇。

三是乐观：任何时候都充满信心，相信努力会有成果，相信目标总能达到。

四是自省：不固执，不自以为是，每天复盘、反省，自我批判，检讨过失，每天不断改进进步。

隐藏"我"，激发"他"；引领"他"，达到"我"。

相信员工的潜能无限。

"知"和"知道"，差了十万八千里。

何以解忧？短则杜康，长则成长。

初级的幸福是接受，中级的幸福是珍惜，高级的幸福是感恩，超级的幸福是成长。

所有讲话最终都要落实到行动层面，从言到行，动作是什么？怎么做？不然一点意义都没有，空讲道

第四章 功

理纯是浪费时间。但道理一定要讲，道理都搞不明白，能做出什么好事来？所以当一个人在讲道理的时候：

一是要看他讲的有没有道理。

二是要看他讲完道理后是不是开始讲做法。

三是要看他自己做的跟他讲的是不是一致。

企业文化与企业经营相伴相生融合一体，就如企业培训与企业管理行为相伴相生融合一体一样，绝没有抛弃企业经营的企业文化，也绝没有离开企业管理而成功有效的企业培训。

无德比无能更可怕，无德而有能最可怕。

纵向提升，横向拓宽；相信潜能，崇尚极致。

咨询顾问，必须与企业在一起。

咨询者与企业的关系很大程度上由企业把控，企业应提供足够的信任和安全感让咨询者有条件提出一些"很难回答的问题"，寻求这些问题的答案正是咨询的价值，这对双方都是有意义的。而作为咨询者需要恪守的原则是：不迎合，不奉承，以见识和善意作底气，相信资费与效果实现的平衡，未必不错，绝不说假。

咨询要资格（选谁咨询要看准），咨询要专业（啥都会的是瞎扯），咨询要权威（先固化再转化优化），咨询要融入（去旁观者心态，确保效果），咨询双方要懂辩证法，在同一哲学层面相处。

培训落地需建立四大机制：

一是培训效果跟踪机制，由培训者对受训者直接跟踪 1~3 个月后，再交受训者直线主管继续跟踪。

二是培训课程反馈机制，须将培训课程系统反馈给受训者各级上司，以实现训练交接。

三是受训者回访机制，培训者定期回访，检验效果，适时安排复训。

四是培训效果与薪酬考核挂钩机制，增加培训权威性，提供改进动力源。

从讲课到互动，从教室到现场，从单一到横跨，从成长到价值。

培训不仅在内容，培训的形式也是一种培训。

第四章 功

"与诸君相对时无少增损,方始心安。"(王阳明语)教学相长、同修共进。

何日不九一?("九一"即九月一日,学校开学日)每天在学习。瞬有养,存于息;为老骥,长奋蹄。逼自己成长,经历就是意义。面对挑战,面对新问题,面对真实的自己,修炼,反省,自证菩提。

鸡汤且乱炖,各人取各需。

作为管理者,我只和成年人合作;作为培训师,我把人变成成年人。

看过书储存了信息不算啥,能链接起来作系统思考方显功力;思考起来有高度、有穿透力方显水平。

私董会教练需要有丰富的实践经验和心理学、管理学知识以及极高的个性修养,参透人性。

读万卷书不如行万里路,行万里路不如阅人无数,阅人无数不如名师指路,名师指路不如各人去悟。

工作

工作（work）是使用频率最高的词汇之一，但不同的人对它的认知和定位决然不同，同一个人在不同的阶段对它的定位也不相同。定位在哪，结果就在哪。

———— ❦ ————

职场是修炼的道场，工作是最好的修行。

孟子的"必有事焉"，王阳明的"事上磨"，稻盛和夫的"人生就是一场修行，工作的喜悦无可替代"，皆一脉相承。

很多人只是在上班，而不是在工作。很多人终生就没有工作过。

工作就如呼吸一样，对人生如此重要和不可或缺。工作是生命的载体，生命（肉体）是灵魂的载体，重要的是通过这个载体获得了什么提升、感悟、灵修。

第四章 功

工作中的"术"当然是必要的，但要明白流程和操作手法也只是工作的载体。没有它，工作无处着落；痴迷于它，无法得到提升。

你是来上班还是来干事业？你是来干事业还是来修炼心性？选择不同，结果会很不一样。

工作的意义：磨灵魂，去业障。

工作是最健康的生活方式。

工作即修行，困难即消孽。

工作即生活，生活即修行。

工作是最好的学习，学习是最好的休息。

学会在工作中休息。

累死你的不是工作，而是工作方式。

最可悲的是把工作当作谋生的手段。你要从中找到乐趣，以干事业的心态去干事。

"工作"的四个内涵。

（1）得到机会。

（2）付出劳动。

（3）完成任务。

（4）创造价值。

大部分人只知"付出劳动"，顶多的是"完成任务""得到机会"，随着时间的累积会逐渐消减甚至消失，而"创造价值"则只有很少人会关注，而这正是优秀经营者必备的特质。

出个题目考考大家：一家公司出现电力故障，动用了8人2小时的时间紧急抢修，成功修复并恢复供电。请问这8人2小时的工作是否创造价值？并分析理由。

明天你打算有什么不同？

天赋不会帮人成功，勤奋可以。

努力是一种生活态度，而不是某种期待的结果。

世上有两种最耀眼的光芒，一种是太阳，一种是我们努力的模样。

因为专心所以专业，专心不仅是用心，用心仅是一种态度，专心是以用心的态度确保达到想要的结果，即专业。用心是达成结果的必要条件，专心才是达成

第四章 功

结果的充分条件。用心可能但不必然走向专心,专心可能而必然走向专业,这才叫敬业。

要分清有效工作、无效工作、高效工作,不"制造"工作。

很多企业 90% 的工作是无效的。

无效工作就是浪费。

我坚信,不会玩的人就不会干。

编后记
大珠小珠落玉盘

巨露贤弟是我朋友中的挚友。

我们都是 20 世纪 60 年代生人,只是我居头、他居尾。我们都具有那个时代读书人特有的家国情怀,价值观也颇多相同或相似。我们都爱读书学习,都爱观察思考,工作也都十分认真负责。但我们的风格又显然不同,南方出生的他更细腻、圆融、智慧,北方出生的我嫌粗犷、直爽、简单。

2010 年前后,我利用业余时间,收集整理出刘永行先生的经营管理文集,也就是后来出版的《中国式精益化管理——刘永行内部讲话》。初稿寄出不久之后的一天,刘永行先生的夫人突然到我在华西希望的办公室,将修改过的稿件拷贝给了我。当时陪同刘永行先生的夫人前来的,就是时任东方希望成都公司总经理的巨露贤弟。他不多言不多语,但每句话甚至每个动作都恰到好处,周到、干练又不失风趣。这方面恰恰是我的弱项,"爱憎分明"的我常常得罪人而不知,于是便有了向他学习的动机,何况又是兄弟单位,互相之间麻烦对方的事情还有很多,后来便成了朋友。

之后不久,他奉调回上海总部。《中国式精益化管理——刘

冷眼 一位总裁 30 年的行与知

永行内部讲话》出版之前,他安排我和北京大学出版社的责任编辑一起去上海面见了刘永行先生。再后来,我到上海旅行出差,都是他负责接待。他回到成都的一些活动,尤其是员工培训活动,我都会尽量参加。

随着交往的逐渐深入,我慢慢被他的诚挚、睿智所折服。他言辞中肯、理性、客观,偶尔也"张扬"——确实很本真。我知道,他宁肯不说话,也绝不会说言不由衷的假话和做不到的废话。他身上有一种迷人的力量,这是长期修行的结果,从本书中读者自会感知到。

他原本是江西一名优秀的中学语文老师,后来应聘到东方希望旗下子公司做了办公室主任。由于表现十分出色,两年之后即升任总部行政部长,其间亲历了东方希望由农业公司向重工业公司的成功转型,之后又转到希望集团发祥地成都担任总经理,使命完成后再回上海担任房地产公司总经理和干部培训学校校长。十余年间,他广交朋友,在管理实践和顾问咨询双线作战,尤其是以中国传统文化作为切入点的管理研究颇多收获,担任多家企业的管理顾问,内外培训数百场,积累了相当的影响力。后来,他决定离开东方希望,再次跨行转型,加入一家高科技企业并担任联席总裁。

编后记

巨露贤弟将自己丰富的阅历、细致的观察、认真的思考结合在一起，才有了那么多直抵人心的修行心得。他有一句很通透的话："没有特殊，我们都是规律中的一个，但我们又真的很特别。"我们本来都是芸芸众生当中的一个修行者，只是他的经历更丰富、观察更细致、思考更深邃、修行更圆满，也就更值得借鉴。

我们原来就有一个约定，他若出书，一定由我来编辑，他也许觉得我"懂"他吧。只是这几年他一直在创业，我估计他或许顾不上这件事。

2021年年初，新冠疫情依旧肆虐，被困在家的日子，恰好是做这件事情的最好时机。我们一商量，他立即将所有原始素材打包发了过来。打开他长年积攒的"百宝箱"一看，我颇有考古人员打开藏有佛指舍利的法门寺地宫般的惊喜，句句金光闪闪的"朱氏格言"立即"大珠小珠落玉盘"，令我目不暇接。毕竟做过大企业干部培训学校的校长，又同时在管理实践和顾问咨询服务两个领域持续耕耘，既是"全员CEO"管理理念的首倡者，又是企业领导力训练专家，其高度、宽度和深度果然不同凡响。将近半个月时间，我沉浸在其中不能自拔，我被他巧妙的观察、智慧的思考所折服。

"生活就是修行""职场是修行的道场"，这是巨露贤弟常

冷眼 一位总裁30年的行与知

说的话。深谙中国传统文化的他，每天乐此不疲地探究和解决企业管理的各种问题，非常智慧地找到了传统经典和中外管理大师、著名企业家之间的共通之处，那就是对"人"的关注。与此同时，得益于对传统文化儒释道的精修，他极其难得的拥有了忘情的投入和出离的超脱，按他自己的说法叫"阴阳两界自由穿行"，哪怕再专注的时刻都能感到有"第三只眼睛"在注视着自己的一切，在评价，在总结，随手记录下来，便有了这些智慧的结晶和修行的善果。

他的这些文字，有的令人捧腹大笑，有的令人拍案叫绝；有的令人会心一笑，有的令人沉思良久。作为挚友，我深知，这一切皆非为写作而作，它们都是他岁月的沉淀、生命的结晶，是他最为宝贵的精神财富，就像缀满夜空的星星，一颗颗，或晶莹剔透，或星光灿烂，令人赏心悦目。

人心不可直视，事理客观自然，必须有一双理性的"冷眼"，但生命热血滚烫，创业需要激情，人与人的交流需要一颗赤诚的"热心"，巨露贤弟接近完美地在这两者之间把握着平衡，所以展现在人们面前的常常是矛盾的两面，既理性又感性，既冷静又炽热，就如他爱茶也好酒。

当他把这些冷眼热心下的思考变成书籍，就等于一下子将自己几十年积累的精神财富"裸捐"了。这既是一份对未来强大的自信，也是一种对生活强烈的热爱。

本书的主体部分，巨露贤弟坚持用格言体，即使文章部分也尽量采用提纲式或要点式，正如他本人所说："天下至道本无可言说。"如果按照传统管理类书籍的写法，书中的每一句话都发散开来，观点、解释、实例，再提炼出一系列可直接套用的方法、技巧、工具等，那就是一篇皇皇巨著了。这既约束了读者的思维，也限制了表达的含义，非求道者之所为。相信这些简练朴素的文字反而能给读者更宽阔的想象，各有所得就好。

以我 40 年编书的经验，我相信他的话，因为它本真、本善、本美，探究的是人心人性，遵从的是大道至理，具有穿越时空的力量。

凌龙

2022 年 07 月 10 日